中国产业发展的减贫效应研究

ZhongGuo ChanYe FaZhan De JianPin XiaoYing YanJiu

胡 联／著

中国财经出版传媒集团

经济科学出版社
Economic Science Press

图书在版编目（CIP）数据

中国产业发展的减贫效应研究／胡联著．—北京：
经济科学出版社，2017.3
ISBN 978 - 7 - 5141 - 7760 - 2

Ⅰ.①中⋯　Ⅱ.①胡⋯　Ⅲ.①产业发展 - 研究 - 中国
Ⅳ.①F124

中国版本图书馆 CIP 数据核字（2017）第 027538 号

责任编辑：周胜婷
责任校对：徐领柱
责任印制：邱　天

中国产业发展的减贫效应研究

胡　联　著

经济科学出版社出版、发行　新华书店经销
社址：北京市海淀区阜成路甲 28 号　邮编：100142
总编部电话：010 - 88191217　发行部电话：010 - 88191522
网址：www. esp. com. cn
电子邮件：esp@ esp. com. cn
天猫网店：经济科学出版社旗舰店
网址：http://jjkxcbs. tmall. com
北京密兴印刷有限公司印装
710×1000　16 开　9.75 印张　200000 字
2017 年 3 月第 1 版　2017 年 3 月第 1 次印刷
ISBN 978 - 7 - 5141 - 7760 - 2　定价：48.00 元
（图书出现印装问题，本社负责调换。电话：010 - 88191510）
（版权所有　侵权必究　举报电话：010 - 88191586
电子邮箱：dbts@esp. com. cn）

前　言

　　改革开放以来，由于我国持续的经济增长和有效的扶贫措施，我国在反贫困领域中取得令世人瞩目的成就。我国农村贫困发生率呈现明显的下降趋势，由 1995 年的 30.7% 下降到 2007 年的 1.6%，农村绝对贫困人口数由 1978 年的 2.5 亿人下降到 2007 年的 1428 万人。尽管我国的反贫困事业取得了突破性进展，但这并不意味着贫困的彻底根除。社会主义初级阶段的基本国情，影响贫困地区、贫困人口发展的深层次矛盾没有根本解决，经济增长的减贫效应已开始降低，我国反贫困事业还面临许多难题和挑战。当前我国扶贫开发已经从以解决温饱为主要任务的阶段转入巩固温饱成果、加快脱贫致富、提高发展能力、缩小发展差距的新阶段。从产业发展角度研究如何促进经济增长对我国农村贫困减少的作用无疑有着重要的理论和现实意义。本书将试图回答以下问题：我国三次产业发展对农村贫困减少的效应是什么？我国产业发展减贫效应不同的原因是什么？我国不同地区间产业发展的减贫效应差异是什么？导致不同地区间产业发展的减贫效应差异的原因是什么？

　　第一，本书介绍了新中国成立后我国农村反贫困历程，然后分析我国经济增长对农村贫困减少影响机制，经济发展对减缓贫困的作用主要表现为两个方面：一方面，经济发展带来了政府财政收入的增加，从而使政府更有经济能力去帮助贫困人口；另一方面，经济发展为贫困人口提供了更多和更好的就业机会。接着本书对经济增长与农村贫困减少的关系进行实证分析，实证结果显示，贫困发生率对全国经济增长的弹性为 -1.261，这表明人均 GDP 每增长 1%，贫困发生率下降 1.261%。

　　第二，本书分析了我国产业结构和就业结构变动及其特征，接着对我国产业发展与农村贫困减少进行实证分析，研究发现，第一、第二、第三产业的系数均为负数并且非常显著，第一产业增长的减贫效应最大，系数为 -1.632，第二、第三产业增长的系数分别为 -1.389 和 -1.347；城市化水平增长因素对农村减贫减少的系数为 -1.98，这说明着城市化水平每提高 1%，农村贫困率降低 1.98%；人力资本增长因素对农村减贫减少的系数为正而且显著；医疗状况改善和政府财政支出增长的系数为负，但并不显著。

第三，本书对我国产业劳动力密集程度与产业发展减贫效应大小的关系进行实证分析，并结合贫困人口收入构成来解释中国产业发展减贫效应不同的原因。实证结果显示，我国产业的劳动力密集程度大小影响着此产业发展减贫效应的大小。接着本书通过南江县、花垣县和龙山县的产业发展与贫困地区农户增收的案例揭示了劳动密集度高的产业发展对于贫困地区农户的增收、贫困减少的重要作用。

第四，本书从自然因素、经济社会因素和农村贫困特点三个方面讨论了对东部、中部和西部地区产业发展减贫效应进行分析的必要性，接着进行了实证分析，研究发现，我国产业发展减贫效应存在着地区差异，然后本书从各地区产业发展特点分析了东部、中部和西部地区产业发展减贫效应不同的原因。研究发现，东部、中部和西部地区第三产业内部结构的不同影响了各地区的第三产业发展的减贫效应。

第五，本书分析了在大规模非农就业增加、人口自然增长减慢、食品消费结构转型和农民专业合作社发展迅速等四大历史条件交汇下我国农业发展对农村贫困减少的影响。

通过本书的分析，我们可以看出，产业发展对农村贫困减少的效应是不同的，第一产业的效应最大，第二产业和第三产业的效应相差不大；产业的劳动力密集程度影响着此产业发展的减贫效应大小；东部、中部和西部地区产业发展的减贫效应有所差别；东部、中部和西部地区第三产业内部结构影响了第三产业发展的减贫效应；我国城市化水平的提高有助于农村贫困减少。因此，我国应该继续促进农业的发展；继续发展一部分劳动密集型产业，使贫困人口能充分分享经济发展的成果；优化我国第三产业内部结构，提高我国第三产业发展对农村贫困减少的效应；大力推进我国城市化在规模和质量上的提高，以更好地促进农村贫困减少；培养一批立志农村经济发展的人才；进一步优化贫困地区的公共支出更好地促进农村贫困减少。

目　　录

第1章　导论 ……………………………………………………（ 1 ）

　1.1　研究背景 …………………………………………………（ 1 ）

　　1.1.1　世界减贫任务艰巨，中国扶贫责无旁贷，贡献巨大 ………（ 1 ）

　　1.1.2　作为发展中大国的中国，贫困形势依然严峻，反贫困事业
　　　　　任重道远 ……………………………………………（ 5 ）

　　1.1.3　经济增长对我国减贫的促进作用很大，但其作用
　　　　　有下降趋势 …………………………………………（ 7 ）

　　1.1.4　剩余贫困人口分散，但主要分布在西部地区 …………（ 8 ）

　　1.1.5　反贫困难度加大，致贫因素日益增多 …………………（ 9 ）

　　1.1.6　我国扶贫开发进入新的阶段 …………………………（ 9 ）

　1.2　研究意义 …………………………………………………（ 11 ）

　　1.2.1　研究的理论意义 ………………………………………（ 11 ）

　　1.2.2　研究的现实意义 ………………………………………（ 11 ）

　1.3　研究概念界定 ……………………………………………（ 12 ）

　　1.3.1　经济增长 ………………………………………………（ 12 ）

　　1.3.2　产业发展 ………………………………………………（ 12 ）

　　1.3.3　贫困 ……………………………………………………（ 12 ）

　　1.3.4　产业发展的减贫效应 …………………………………（ 14 ）

　1.4　研究目标及内容 …………………………………………（ 14 ）

　　1.4.1　研究假说 ………………………………………………（ 14 ）

　　1.4.2　研究目标 ………………………………………………（ 16 ）

　　1.4.3　研究内容 ………………………………………………（ 17 ）

1.5　研究方法 ……………………………………………………（18）

1.6　数据来源及调查方法 ………………………………………（20）

1.7　本书可能的创新之处 ………………………………………（20）

第2章　文献综述 ………………………………………………（21）

2.1　贫困的概念与衡量的研究 …………………………………（21）

　2.1.1　关于概念界定及其演变的研究 ………………………（21）

　2.1.2　关于贫困分类和衡量的研究 …………………………（23）

2.2　贫困形成机理的研究 ………………………………………（24）

　2.2.1　经济视角的贫困形成机理 ……………………………（24）

　2.2.2　社会视角的贫困形成机理 ……………………………（26）

　2.2.3　文化视角的贫困形成机理 ……………………………（29）

　2.2.4　制度视角的贫困形成机理 ……………………………（29）

　2.2.5　地理环境视角的贫困形成机理 ………………………（30）

　2.2.6　个体视角的贫困形成机理 ……………………………（30）

2.3　经济增长与贫困减少的研究 ………………………………（32）

　2.3.1　认为经济增长促进贫困减少的观点 …………………（32）

　2.3.2　认为经济增长对贫困的影响存在不确定性的观点 …………（33）

2.4　产业发展与贫困减少的研究 ………………………………（34）

2.5　益贫式增长与农业发展 ……………………………………（35）

　2.5.1　益贫式增长定义 ………………………………………（36）

　2.5.2　益贫式增长策略 ………………………………………（37）

　2.5.3　农业发展与益贫式增长 ………………………………（37）

2.6　反贫困思路的研究 …………………………………………（38）

2.7　我国扶贫模式的研究 ………………………………………（41）

2.8　评述 …………………………………………………………（42）

第3章　经济增长与贫困减少 …………………………………（43）

3.1　引言 …………………………………………………………（43）

3.2　我国农村反贫困历程 ···（44）

　　3.2.1　第一个阶段是 1949～1977 年为计划经济体制下的广义

　　　　　　扶贫阶段 ···（44）

　　3.2.2　第二个阶段是 1978～1985 年为制度性变革推动大规模

　　　　　　缓解贫困阶段 ···（45）

　　3.2.3　第三个阶段是 1986～2000 年为高速经济增长背景下以区域

　　　　　　瞄准为主的开发式扶贫阶段 ······························（45）

　　3.2.4　第四个阶段是 2001～2010 年以来为全面建设小康社会进程中的

　　　　　　扶贫开发阶段 ···（46）

　　3.2.5　第五个阶段是 2011～2020 年我国扶贫开发新的历史阶段 ······（47）

3.3　经济增长对农村贫困减少影响机制分析 ··························（48）

　　3.3.1　经济增长促进了农村贫困的减少 ························（48）

　　3.3.2　经济增长不是促进农村贫困减少的唯一因素 ············（56）

3.4　经济增长与农村贫困减少的实证分析 ····························（58）

　　3.4.1　文献回顾 ···（58）

　　3.4.2　数据来源及变量选择 ······································（59）

　　3.4.3　数理模型的建立 ··（59）

3.5　实证结果及分析 ···（60）

3.6　本章小结 ···（61）

第4章　产业发展与农村贫困减少 ·································（63）

4.1　引言 ···（63）

4.2　我国产业结构与就业结构的变动 ·································（64）

　　4.2.1　产业结构与就业结构变动相关理论 ······················（64）

　　4.2.2　我国产业结构和就业结构变动及其特征 ··················（66）

4.3　产业发展与农村贫困减少的实证分析 ····························（74）

　　4.4.1　文献回顾 ···（74）

　　4.4.2　数理模型及变量说明 ······································（75）

　　4.4.3　数据来源 ···（76）

　　4.4.4　实证结果及分析 ··（76）

4.4　进一步分析 ……………………………………………………（79）

4.5　本章总结 ………………………………………………………（80）

第5章　产业发展的减贫效应的解释 ………………………（81）

5.1　引言 ……………………………………………………………（81）

5.2　研究假说 ………………………………………………………（82）

5.3　产业劳动力密集程度与产业发展的减贫效应的实证分析……（83）

　　5.3.1　文献回顾 …………………………………………………（83）

　　5.3.2　计量模型 …………………………………………………（84）

　　5.3.3　数据来源 …………………………………………………（85）

　　5.3.4　实证结果 …………………………………………………（85）

　　5.3.5　实证结果分析 ……………………………………………（87）

5.4　案例 ……………………………………………………………（90）

5.5　本章总结 ………………………………………………………（93）

第6章　不同地区间产业发展减贫效应比较 ………………（95）

6.1　引言 ……………………………………………………………（95）

6.2　分地区实证分析的必要性 ……………………………………（95）

　　6.2.1　我国东部、中部和西部地区自然因素差异很大 ………（96）

　　6.2.2　我国东部、中部和西部地区社会和经济因素差异很大 …（96）

　　6.2.3　我国东部、中部和西部地区农村贫困特点差异很大 …（97）

6.3　分地区实证结果 ………………………………………………（99）

6.4　分地区实证结果分析 …………………………………………（101）

6.5　本章总结 ………………………………………………………（104）

第7章　总结与展望 …………………………………………（106）

7.1　本书的主要结论 ………………………………………………（106）

　　7.1.1　产业发展对农村贫困减少的效应是不同的，第一产业的效应
　　　　　最大，第二产业和第三产业的效应相差不大 …………（106）

　7.1.2　产业的劳动力密集程度影响着该产业发展的减贫效应大小 ……（113）

　7.1.3　东部、中部和西部地区产业发展的减贫效应有所差别　………（113）

　7.1.4　东部、中部和西部地区第三产业内部结构影响了第三产业

　　　　　发展的减贫效应　…………………………………………………（114）

　7.1.5　我国城市化水平的提高有助于农村贫困减少　………………（114）

　7.1.6　我国各省域的人力资本增长没有促进农村贫困的减少　……（115）

7.2　对策含义 ……………………………………………………………（115）

7.3　未来研究的展望 ……………………………………………………（116）

　7.3.1　从多维贫困的角度研究我国产业发展的减贫效应　…………（117）

　7.3.2　劳动流动弹性与产业发展减贫效应之间的关系　……………（117）

　7.3.3　对三次产业内部更细分的产业发展减贫效应的研究　………（117）

参考文献　………………………………………………………………（118）

后记　……………………………………………………………………（143）

第 1 章　导　　论

1.1　研究背景

1.1.1　世界减贫任务艰巨，中国扶贫责无旁贷，贡献巨大

贫困问题是一个世界性的历史课题，是经济学研究的永恒主题。人类社会发展的历史就是一部反贫困的历史。经济全球化加剧了世界两极分化，全球贫困人口的绝对数量依然庞大。根据联合国统计，在过去的 50 多年中，世界财富增加了 7 倍，但全球范围内的贫困问题却在不断恶化。詹姆斯·D. 沃尔芬森指出，在全球 60 亿人口中，有 50% 的人每天仅靠不足 2 美元来维持生活，有 21.7% 的人每天靠不足 1 美元来生活，而且这个数字在以每年 1000 万的速度不断增加。全球每年还有 10 多亿人无法获得维持生存所需的营养、住房、医疗等基本生活保障条件。一些学者（萨克斯，2007）指出，全世界每年有 800 万人死于极端贫困，每天有 8000 个儿童死于疟疾，500 个父母死于肺结核，7500 个青年人死于艾滋病。发展中国家每年都有 50 万妇女死于分娩及有关的并发症，700 万人死于可以预防的疾病，800 万儿童死于因饮水和空气污染而引起的疾病。发展中国家 5000 万儿童智力和体能不健全，有 1.3 亿学龄儿童失去了入学机会。20 多年来，世界最不发达国家由原先的 29 个增加到目前的 48 个。尤其是非洲有一半人口挣扎在饥饿线上。

对发展中国家来说，贫困不仅使经济整体实力难以提高，而且使经济增长难以长久地保持。贫困还带来了结构上的不平衡，它所引发的社会问题扰

1

乱了正常的社会秩序。贫困问题已成为一个涉及世界安全、和平与稳定的大问题。但是,全球问题很难依靠单个国家的力量得以解决。全球反贫困任务不可能由一个或几个国家来完成,它需要的是全世界所有国家的共同努力。中国是社会主义国家,又是发展中大国,因而中国责无旁贷。中国的反贫困行动本身就是世界反贫困行动的重要组成部分。中国政府和人民的反贫困行动,不仅因为人口规模大而具有标志性的意义,而且作为发展中国家,中国的成功减贫实践也鼓舞了广大发展中国家的反贫困实践。所以中国反贫困实践具有重大的全球化意义。

按可比标准衡量,中国是世界上贫困人口最多的国家之一。贫困也是中国经济发展的障碍,减少和消除贫困是中国发展的首要任务,也是最难的发展任务之一。改革开放30多年来,中国对全人类发展和减少贫困做出了巨大的贡献,也扭转了世界历史上过去50多年贫困人口一直上升的趋势,使世界贫困人口首次开始呈现下降趋势。以1天1.25美元的贫困线标准估计,全球的贫困人口从1981年18.96亿人下降到2005年的13.77亿人,减少了5.19亿人;贫困发生率从51.8%下降到25.2%,下降了26.6个百分点。但中国以外其他地区的贫困人口在同期不仅没有减少,反而从10.61亿人上升到11.69亿人,增加了1.08亿人,贫困发生率从39.8%下降到28.2%,仅下降了11.6个百分点。按1天2美元高贫困线估计的贫困人口中国减少了4.98亿人,但中国以外其他地区的贫困人口在同期增加了5.25亿人(Chen and Ravallion,2008)。许多适合中国国情的扶贫模式,已经成为世界扶贫事业中的经典案例。中国在减贫方面取得了令人瞩目的成就,对全球的贫困减少贡献巨大。

20世纪末,我国用了将近20年的时间,实现了基本解决温饱问题。21世纪第一个10年,全国扶贫开发的重点在抓整村扶贫。我国农村地区正在逐步进入全面建设社会主义新农村的历史新时期。农村贫困人口数量显著下降,收入水平稳步提高,贫困地区基础设施得到明显改善,农村居民生存和温饱问题基本解决。根据国家统计局的数据(见表1-1),按当年价现行农村贫困标准衡量,1978年农村居民贫困发生率为97.5%,农村贫困人口规模7.7亿人;2014年农村贫困人口规模为7017万人,贫困发生率为7.2%。1978~

2014 年，我国农村贫困人口减少了 7 亿人，年均减少贫困人口 1945 万人；贫困人口年均减少 6.4%。2010 年以来我国农村贫困人口下降速度显著加快。2010 年，农村贫困发生率为 17.2%，贫困人口规模为 1.66 亿人。2011～2014 年，农村贫困人口共减少 9550 万人，年均减少 2388 万人；农村贫困发生率下降 10.0 个百分点，贫困人口年均下降 19.3%。2014 年贫困地区农村居民人均纯收入为 6610 元，是全国同口径的 65.3%，比 2011 年提高了 8.2 个百分点。2012～2014 年，贫困地区农村居民消费支出由 3887 元增长到 5185 元，年均名义增长 15.5%，比全国农村居民人均消费年均增速快 3.4 个百分点。

表 1-1　　　　　　　按现行农村贫困标准衡量的农村贫困状况

年份	贫困发生率（%）	贫困人口规模（万人）
1978	97.5	77039
1980	96.2	76542
1985	78.3	66101
1990	73.5	65849
1995	60.5	55463
2000	49.8	46224
2005	30.2	28662
2010	17.2	16567
2014	7.2	7017

资料来源：《中国农村贫困监测报告 2015》，中国统计出版社。

中国的减贫成绩是令世界瞩目的，世界银行称："这是迄今人类历史上最快速度的大规模减贫"。潘基文评价道："在过去的三十年里，中国的减贫事业有着长足的发展和进步。中国所取得的成绩将直接助力联合国实现千年发展目标。"如表 1-2 所示，以每天 1.25 美元的标准衡量，中国贫困人口比重在 1990 年为 60.7%，1990～2011 年下降了 54.4%；贫困人口规模在 1990 年为 6.89 亿人，1990～2011 年减少了 6.05 亿人，减少 87.8%，远远超过联合国千年发展目标提出的"极端贫困人口减半"的目标。

表1-2 世界银行发布的中国贫困状况

年 份	每天1.25美元		每天2美元	
	规模（万人）	比重（%）	规模（万人）	比重（%）
1990	68940	60.7	94460	85
1993	64640	54.9	93760	79.6
1996	45520	37.4	80660	66.2
1999	45100	36.0	77520	61.9
2002	35930	28.1	64950	50.7
2005	20560	15.8	46970	36.0
2008	16350	12.3	37530	28.3
2010	12290	9.2	31020	23.2
2011	8410	6.3	25010	18.6

资料来源：《中国农村贫困监测报告2015》，中国统计出版社。

如表1-3所示，2011年全球生活在每天1.25美元以下的极端贫困人口比重是14.5%，每天2美元以下的贫困人口比重在30%左右。中国贫困程度显著低于世界平均水平，略低于亚太发展中国家水平。1990~2011年，全球极端贫困人口从19.2亿人下降到10.1亿人，减少9.1亿人，其中6亿人多来自中国。中国极端贫困人口减少数量占全球减贫数量的2/3。

表1-3 发展中国家以国际标准衡量的贫困人口比重 单位：%

地区/收入类型		每天1.25美元		每天2美元	
		1990年	2011年	1990年	2011年
按地区分	亚太	57	7.9	81.5	22.7
	欧洲和中亚	1.5	0.5	6.3	2.2
	拉美加勒比海	12.2	4.6	22.6	9.3
	中东北非	5.8	1.7	23.8	11.6
	南亚	54.1	24.5	83.7	60.2
	撒哈拉以南	56.6	46.8	76.0	69.5
按收入分	低收入国家	66.0	46.8	85.3	73.7
	中等偏下收入国家	47.1	22	64.8	36.3
	中等收入国家	43.5	13.7	66.3	33.0
	中等偏上收入国家	40.2	5.0	59.4	14.3

地区/收入类型	每天 1.25 美元		每天 2 美元	
	1990 年	2011 年	1990 年	2011 年
发展中国家合计	43.4	17	64.8	36.2
全球合计	36.4	14.5	—	—

资料来源:《中国农村贫困监测报告 2015》,中国统计出版社。

1.1.2　作为发展中大国的中国,贫困形势依然严峻,反贫困事业任重道远

20 世纪 80 年代中期,中国政府开始实施有针对性的减贫政策,坚持以项目为中心的开发式扶贫、采用区域瞄准方式和推动政府主导下的全社会扶贫,扶贫工作取得了巨大的成就。农村地区已基本解决了温饱问题,正在逐步进入全面建设社会主义新农村的历史新时期。农村贫困人口数量显著下降,贫困地区的公共事业取得了长足发展。2007 年,按照官方贫困线和收入指标估计,中国的农村贫困人口从 1978 年的 2.5 亿下降到的 1478 万人,贫困发生率从 1978 年的 30.7% 下降到 2007 年的 1.6%(中国农村贫困监测报告,2008)。按照国家统计局新的 1196 元的贫困标准测算,2009 年年末全国农村贫困人口为 3597 万,贫困发生率为 3.8%(2009 年国民经济和社会发展统计公报,2010)。数以亿计的农民第一次真正感受到告别贫穷、实现温饱,进入小康的无愧于当今时代尊严的体面生活。总之,中国的减贫成绩是令世界瞩目的,这主要得益于快速的经济增长和政府有针对性的扶贫政策。

尽管我国的反贫困事业取得了突破性进展,积累了许多有用的经验。但这并不意味着我国贫困的彻底清除,贫困问题仍然是中国可持续发展中的一个难题。社会主义初级阶段的基本国情,影响贫困地区、贫困人口发展的深层次矛盾没有根本解决。在实现全体人民共同富裕方面,我国还面临许多难题和挑战,新阶段的扶贫开发工作出现了一些新的情况、新矛盾和新问题。(i)中国进入全面建设小康社会的历史阶段,农村发展也进入了以城带乡和以工补农的新时期。但是,一些农村的经济生活仍然处在逐步从半自然经济

向市场经济过渡的进程中，地区差距和城乡差距仍然很大，并且在继续拉大。收入分配不平等的加剧使经济增长的减贫效应不断下降，未来的减贫之路将更加艰难。中国农村虽然基本解决了温饱问题，但是在相当长时期内一部分地区的农村居民的温饱问题作为个体性贫困问题仍将继续存在。（ⅱ）在多维贫困的视角下，贫困问题会变得更加复杂，会以不同的形式表现出来。收入、营养、健康、能力、权利方面的缺失不仅是贫困的表现，更是贫困形成的重要机制，单一的扶贫策略难以解决多元化的贫困问题。（ⅲ）农村贫困问题成为一个与过去表现层次不同的新现象。我国农村贫困人口贫困结构已经发生改变。1978 年，我国有 2.5 亿人的农村绝对贫困人口。随着我国有效的反贫困措施的推进，我国农村绝对贫困人口大幅度减少，但也存在一定数量相对贫困人口。贫困人口也在向中西部、山区和少数民族地区集中。弱势群体贫困问题提到了日益凸显的位置，并且直接与社会保障体制性问题结合在一起。中国农村贫困的性质与特点已经或正在发生新的变化，其贫困分布已从改革开放初的整体性贫困，经过向区域性贫困过渡，现正在向点状性贫困转变；其贫困特征正在从绝对贫困转变为相对贫困。当前农村贫困的特点主要集中表现在：贫困人口分布呈现地域收缩性，贫困人群具有脱贫波动性，贫困人口带有人口异质性。（ⅳ）在不断深化的经济和社会转轨过程中，也不断出现新的脆弱群体，需要引起足够的关注。农村人口的老龄化和女性化趋势增加了农村扶贫工作的难度，组织和动员机制难以形成，内生发展能力不足。在城市化过程中不断壮大的失地农民和农民工群体在缺乏城乡一体的社会保障政策和扶贫政策的支持下，有被边缘化的危险，并成为威胁社会稳定的重要因素。（ⅴ）全球气候变化的风险不但增加，对生态脆弱地区的贫困人口带来巨大威胁，甚至有可能逆转以往在这些地区的扶贫开发成果。扶贫模式、扶贫效率和扶贫战略等方面的问题也凸显出来。改进扶贫模式、提高扶贫资金效率、转变扶贫战略成为新时期我国扶贫工作的现实选择。总之，随着中国发展到了一个新的历史阶段，贫困人数、范围、特征等在不断变化，扶贫工作面临新的挑战。由于贫困的复杂性和动态性，贫困形势依然严峻，反贫困事业任重道远。

1.1.3　经济增长对我国减贫的促进作用很大，但其作用有下降趋势

改革开放 30 多年以来，我国在反贫困实践中取得了巨大的成绩。2007 年我国农村绝对贫困人口数为 1428 万人，这只是 1978 年农村绝对贫困人口总数的 5.7%。我国农村贫困发生率呈现明显的下降趋势，由 1995 年的 30.7% 下降到 2007 年的 1.6%。我国低收入人口也大幅度下降，2006 年我国低收入人口数为 3550 万人，这相比 2000 年减少了 2663 万人。1995 ~ 2007 年，人均 GDP 呈现明显上升趋势，年均增长率为 13.3%；中国贫困发生率呈现明显的下降趋势，由 1995 年的 7.7% 下降到 2007 年的 1.6%，年均下降 12.4%，略低于 13.3% 的人均 GDP 增长速度。同时，依据国家统计局的绝对贫困线衡量的绝对贫困人口数量也呈现比较明显的下降趋势，由 1995 年的 6642.2 万人减少到 2007 年的 1428.25 万人，年均减少 275.6 万人。

虽然我国在反贫困领域取得了很大成绩，但由于我国经济发展很不平衡，经济增长对贫困减少的推动力不断变小，消除贫困难度越来越大。2000 ~ 2010 年绝对贫困人口减少规模少于前两个 10 年。20 世纪 80 年代，绝对贫困人口平均每年减少 1350 多万人；进入 90 年代，绝对贫困人口平均每年减少 529 万人；2000 ~ 2008 年，绝对贫困人口平均每年减少 221 万人。

根据《中国农村住户调查年鉴 2007》资料，1978 ~ 1985 年，我国人均 GDP 年平均增长率为 8.3%，官方农村贫困人口年均减少数 1786 万人；1985 ~ 1990 年，我国人均 GDP 年平均增长率为 6.2%，官方农村贫困人口年均减少数 800 万人；1990 ~ 1997 年，我国人均 GDP 年平均增长率为 9.9%，官方农村贫困人口年均减少数 500 万人；1997 ~ 2006 年，我国人均 GDP 年平均增长率为 7.4%，官方农村贫困人口年均减少数 281 万人。1978 ~ 2006 年，我国人均 GDP 年平均增长率为 8.1%，官方农村贫困人口年均减少数 846 万人。由此可见，尽管经济增长对我国的农村贫困减少一直起着重要作用，但经济增长的减贫效应已开始降低，我国农村反贫困面临着更大的挑战。

1.1.4 剩余贫困人口分散，但主要分布在西部地区

改革开放以前，我国有 2.5 亿贫困人口，东中西部都有不少贫困人口，地区间差异并不明显。但随着我国经济的发展，我国农村的贫困分布发生了显著变化。目前剩余的贫困人口主要分布在我国西部地区。我国 592 个国家重点扶持的贫困县中大部分分布在西北、西南地区。

2010 年全国农村贫困人口有 2688 万人，其中东部地区有 124 万人，中部地区有 813 万人，西部地区有 1751 万人。东中西部贫困发生率分别为：0.4%、2.5% 和 6.1%。占全国农村贫困人口的比重分别为：4.6%、30.3% 和 65.1%。2000～2010 年，东部地区农村贫困人口占全国贫困人口的比重由 10.2% 下降到 4.6%；中部地区农村贫困人口占全国贫困人口的比重由 29% 上升到 30.3%；西部农村地区贫困人口占全国贫困人口的比重由 60.8% 上升到 65.1%，如表 1-4 所示。

表 1-4 　　2000～2010 年我国全国及中东西部全国农村贫困人口分布变化

		2000 年	2005 年	2010 年
贫困人口规模（万人）	全国	9422	6432	2688
	东部	962	545	124
	中部	2729	2081	813
	西部	5731	3805	1751
贫困发生率（%）	全国	10.2	6.8	2.8
	东部	2.9	1.6	0.4
	中部	8.8	6.6	2.5
	西部	20.6	13.3	6.1
占农村人口比重（%）	东部	10.2	8.5	4.6
	中部	29	32.3	30.3
	西部	60.8	59.2	65.1

资料来源：《中国农村贫困监测报告 2011》，中国统计出版社。

根据《中国农村贫困监测报告 2010》，2000～2010 年，我国西部地区贫困发生率明显高于其他地区，农村贫困人口的 2/3 集中在西部地区。

1.1.5　反贫困难度加大，致贫因素日益增多

自 20 世纪 90 年代以来，我国的反贫困步伐有放缓的迹象。2003 年，我国人均年收入 630 元以下的贫困人口增加了 80 万人，这是 1978 年以来我国第一次大规模返贫（刘坚，2004）。由于贫困地区农民收入的不稳定性，再加上致贫因素日益增多，一部分刚刚摆脱贫困的农民又会回到贫困状态之中。虽然在我国反贫困力度一直很大，成绩也很明显，但农村贫困地区低收入群体的返贫率问题依然存在。

目前，导致贫困的因素日益增多，经济因素、个体因素、社会因素、地理环境因素、脆弱性因素、制度因素和文化因素都会直接或间接导致贫困的形成。以地理因素为例，从经济地理角度考察贫困，贫困被定义为生存空间不足。这种观点认为贫困是由于贫困者所居住的环境恶劣等原因引起的，如自然环境恶劣、土地贫瘠、交通不便、水资源缺乏、自然灾害频发、基础设施落后等引起人们生存生活的困难，从而导致收入低而且支出相对又高，最终无法摆脱贫困。Prebisch（1964）、Singer（1950）等人首先从国际贸易的角度解释资源出口国家贫困化增长的原因，揭示了资源诅咒现象。目前，我国反贫困的"主战场"在边远山区、少数民族等地理环境较差的地区，也说明了地理环境因素对贫困形成的重要影响。当然从各因素互相作用的角度看，一个地区的地理环境对经济发展状况同样有着重要作用。这一点无论是经济发展理论和各国发展实践都有很多的证明。除此之外，由于全球气候变化，一些地区的自然环境会变得更加恶劣，从而会导致贫困人口的增多。

1.1.6　我国扶贫开发进入新的阶段

1978 年，我国农村贫困人口达 2.5 亿人，贫困发生率为 30.7%。由于我国经济持续快速增长，扶贫投入不断加大，逐步完善解决贫困人口温饱的制度保障，因此我国农村贫困人口大幅减少。到 2010 年年底，我国农村贫困人口已经减少到 1000 万以下，农村居民的生存和温饱问题已基本得到解决，农

村最低生活保障制度在全国范围内建立，上一个开发纲要确定的目标任务基本完成，我国扶贫开发事业取得了很大的成绩。但是我国仍处于并将长期处于社会主义初级阶段。我国经济社会发展总体水平不高，东部、中部和西部发展很不平衡，导致贫困地区发展不足的深层次制约因素依然存在。此外，我国扶贫对象规模很大，相对贫困问题逐渐显现，脱贫农户重新返贫现象时有发生，集中连片特殊困难地区发展缓慢。尽管我国扶贫开发面临着很多挑战，但由于我国工业化、信息化、城镇化、市场化、国际化的推进，我国扶贫开发同样面临着新的机遇。根据扶贫开发新的历史任务和到 2020 年全面建成小康社会的宏伟目标，针对当前我国扶贫开发已经从解决温饱为主要任务的阶段转入巩固温饱成果、加快脱贫致富、改善生态环境、提高发展能力、缩小发展差距的扶贫开发新形势，需要提出进一步加强扶贫开发工作的总体思路、重点任务和政策措施。我国政府及时启动新的中长期扶贫开发纲要编制工作。2015 年 12 月，中共中央国务院发布《关于打赢脱贫攻坚战的决定》，全力确保到 2020 年农村贫困人口实现脱贫，这标志着我国扶贫开发进入新的阶段。

消除贫困、改善民生、逐步实现共同富裕，是社会主义的本质要求，是中国共产党的重要使命。改革开放以来，我们实施大规模扶贫开发，使 7 亿农村贫困人口摆脱贫困，取得了举世瞩目的伟大成就，谱写了人类反贫困历史上的辉煌篇章。党的十八大以来，我们把扶贫开发工作纳入"四个全面"战略布局，作为实现第一个百年奋斗目标的重点工作，摆在更加突出的位置，大力实施精准扶贫，不断丰富和拓展中国特色扶贫开发道路，不断开创扶贫开发事业新局面。我国扶贫开发已进入"啃硬骨头、攻坚拔寨"的冲刺期。但中西部一些省（自治区、直辖市）贫困人口规模依然较大，剩下的贫困人口贫困程度较深，减贫成本更高，脱贫难度更大。要实现到 2020 年让 7000 多万农村贫困人口摆脱贫困的既定目标，时间十分紧迫、任务相当繁重。因此，我们必须在现有基础上不断创新扶贫开发思路和办法，坚决打赢这场攻坚战。

1.2　研究意义

1.2.1　研究的理论意义

贫困问题是经济学研究的永恒主题。贫困问题是发展经济学研究的重要内容之一。农村贫困问题是一个需要从社会学、人口学、政治学、经济学、管理学、法学等多学科开展研究的综合性课题。对它的深入研究无疑会推动农村发展经济学的建设和发展，深化经济学的研究领域以及加强对农村贫困问题本身的理论研究。在理论上拓宽了贫困研究的思路和范围，对于拓宽学科的研究视野具有极其重要的理论意义。

改革开放以来，我国在贫困减少方面取得了巨大成绩，为世界反贫困事业做出了突出贡献，也为发展中国家反贫困提供了大量成功经验和案例。当前贫困问题依然是很多发展中国家必须面对的问题，深入分析我国产业发展的减贫效应，促进经济增长对农村贫困减少的作用是发展经济学和反贫困理论研究面临的极具挑战性的现实课题。对我国产业发展与农村贫困减少问题的研究，将进一步完善反贫困理论。

1.2.2　研究的现实意义

改革开放以来，我国经济持续快速发展，取得了巨大的成绩。但同时我国经济发展很不平衡，农村人口尤其是农村贫困人口无法分享到国家经济发展的成果，这将影响我国经济的可持续发展。本书从产业发展的角度研究如何推动我国经济增长对农村贫困减少的促进作用，这有助于我国的扶贫开发事业的进一步发展。同时，这有助于我国，尤其是在贫困地区，制定合理的产业发展政策，促进我国经济增长减贫效应最大化，推动我国反贫困实践的发展。这也将为我国当前制定产业结构优化升级、经济转型政策提供一个反贫困的视角。

1.3　研究概念界定

1.3.1　经济增长

经济增长通常是指在一个较长的时间跨度上，一个国家人均产出（或人均收入）水平的持续增加。经济增长率的高低体现了一个国家或地区在一定时期内经济总量的增长速度，也是衡量一个国家或地区总体经济实力增长速度的标志。决定经济增长的直接因素：投资量、劳动量、生产率水平。用现价计算的 GDP，可以反映一个国家或地区的经济发展规模，用不变价计算的 GDP 可以用来计算经济增长的速度。本书所关注的经济增长，指在一个较长的时间跨度上，一个国家人均产出水平的持续增加。

1.3.2　产业发展

产业发展是指产业的产生、成长和进化过程，既包括单个产业的进化过程，又包括产业总体，即整个国民经济的进化过程。而进化过程既包括某一产业中企业数量、产品或者服务产量等数量上的变化，也包括产业结构的调整、变化、更替和产业主导位置等质量上的变化，而且主要以结构变化为核心，以产业结构优化为发展方向。因此，产业发展包括量的增加和质的飞跃，包括绝对的增长和相对的增长。本书所关注的产业发展，不仅指的是产业产值的增加，还包括产业容纳就业人数变化以及各产业之间的结构变化。

1.3.3　贫困

从研究历史看，对贫困的定义首先从绝对贫困开始的。布思（Booth）在 19 世纪 80 年代对伦敦贫困的大规模调查，以及朗特里（Rowntree，1889；1901）对约克郡进行的类似调查，均把贫困指向绝对的物质匮乏或不平等。

汤森（1979）、奥本海默（1993）、劳埃得·雷诺兹（1982）、保罗·萨缪尔森（1999）、欧共体委员会（1989）、世界银行（1980；1990）、加尔布雷思（1958），阿尔柯克（1993）、迪帕·纳拉扬和拉伊·帕特尔（2001）等从"缺乏"角度做过经典的贫困界定。米勒和罗比（1971）支持贫困就是不平等的观点。Amartya Sen（1981）从权力和能力剥夺的角度来界定贫困，他们认为贫困就是指缺乏达到最低生活水准的能力。世界银行《2000～2001年度世界发展报告》指出贫困不仅意味着低收入、低消费，而且意味着缺少受教育的机会，营养不良、健康状况差。贫困意味着没有发言权和恐惧等。欧共体委员会和世界银行还从"社会排弃"的角度来界定贫困。联合国开发计划署（1997）提出了一个更为全面的贫困概念——人文贫困。因此，我们可以看出，人们对贫困的认识经历了一个不断深化的过程，贫困的内涵也经历了一个不断丰富的过程。这一过程同时也是一个逻辑演进的过程。贫困问题已不仅仅限在经济领域，在非经济领域也有不同的表现（马尔科姆·吉列斯，迪帕·纳拉扬，2001）。从此，对贫困的研究已经超出了经济领域而涉足非经济领域了。对贫困本质的认识经过了一个从宏观到微观、从经济学领域到社会学领域的变化。

在我国，以国家的贫困线和低收入线为标准分组①，是一种用绝对贫困线的分组方法，绝对贫困标准是维持生存所必需的、基本的物质条件（Roders，1989）。低于贫困线的人口称为极度贫困人口，也就是国家贫困线以下的贫困人口；高于贫困线低于低收入线的人口为广义贫困，也就是低收入人口。"相对贫困是指与社会平均水平相比其收入水平少到一定程度时维持的那种社会生活状况，各个社会阶层之间和各阶层内部的收入差异。通常是把人口的一定比例确定生活在相对的贫困之中。比如，有些国家把低于平均收入40%的人口归于相对贫困组别；世界银行的看法是收入只要（或少于）平均收入的1/3的社会成员便可以视为相对贫困。"

本书中的"贫困"指的是绝对贫困，指收入低于或等于一定收入水平（贫困线），居民个人收入难以满足自身的基本生活需要的状态。本书的农村

---

① 我国贫困线仍采用的绝对贫困标准，包括两部分：一部分是满足最低营养标准（2100大卡）的基本食物需求，即食物贫困线；另一部分是最低限度的衣着、住房、交通、医疗及其他社会服务的非食品消费需求，即非食品贫困线，此标准是保证贫困人口最低生存需要的温饱标准。

贫困人口指生活在农村、处于国家贫困线以下的农村居民，他们的收入难以满足自己基本生活需要。

1.3.4 产业发展的减贫效应

很多经济学家都认为，经济增长促进了一国贫困的减少。其中，影响颇大的是经济增长论。经济增长对贫困减少的作用主要体现在以下两个方面：第一方面，一国经济增长为贫困人口提供了更多的就业和创收机会；第二方面，一国经济增长促进了政府财政收入的增加，政府因此更有能力去帮助贫困人口。第一方面是经济增长对贫困减少的直接作用，第二方面是经济增长对贫困减少的间接作用。随着对经济增长与贫困减少研究的深入，经济增长的产业构成对贫困减少的作用也引起一些学者的兴趣。从产业构成的角度，把经济发展看成一国所有产业的发展，那么经济增长对一国贫困减少的效应可以看成一国所有产业发展分别对贫困减少的效应。笔者在本书中把一国某一产业发展对贫困减少的效应定义为产业发展的减贫效应。

1.4 研究目标及内容

1.4.1 研究假说

一国经济增长有助于一国农村贫困的减少，这是很多学者的观点。Ahlu-walia 等（1979）和 Fields（1980）指出，很多国家的经济增长促进了贫困的减少。国内学者汪三贵（2008）等指出，中国经济的快速增长，为缓解农村贫困提供了坚实的经济基础，为贫困人口的大幅减少做出了重大贡献。

随着学者们对经济增长与贫困减少研究的深入，一些学者从产业构成的角度研究经济增长的对贫困减少的作用。国外的研究如 Ravallion 和 Datt（1996）通过对 1951 ~ 1991 年印度贫困变化和三大产业产值增长率的分析，发现印度的农业和服务业的发展对于贫困减少的贡献大于第二产业。Haider

A. Khan（1999）研究发现，农业、服务业和一些制造行业的增长可以促进非洲贫困黑人人口的减少。只有同时促进经济增长和贫困人口的人力资本存量的长期政策才能有效减少贫困。

既然不同产业发展对农村贫困减少的效应不同，那么这背后的原因是什么了？一种观点认为市场分割导致产业发展减贫效应差异。市场分割阻碍了一个部门的工资收益向其他部门的转移，进而导致产业发展对贫困减少的不同效应。另一种观点认为产业增长对贫困人口消费产品价格的不同影响导致产业发展减贫效应差异，这种观点认为，农业增长会导致较低的农产品价格，而这有利于贫困人口的消费"篮子"的提高。

除此之外，产业发展对贫困减少最直接的作用是提高在本产业就业的贫困人口的工资收入。关于不同行业的工资，20 世纪 80 年代 Dichens 和 Katz（1987）以及克鲁格、萨默斯（1988）都指出在行业间工资存在着显著不同。那么什么样的行业利于贫困人口的工资增长了？Tesfaye Teklu 和 Sisay Asefa（1999）通过对博茨瓦纳、肯尼亚的案例研究发现，在农村作的穷人更愿意参与劳动密集型公共投资项目，特别是那些资产非常有限穷人。参加这些项目的穷人工资都得到了提高，农村贫困人口也因此减少。Sugata Marjit（2003）研究认为，正规部门就业量的增加同样可以导致采用的大量非熟练劳动力（穷人）的非正规部门的工资水平提高。林毅夫（2008）认为，要让穷人收入增长快于富人，最重要的是必须要有一个完善的市场经济体系；而且是按照比较优势来发展经济。在目前发展阶段，与发达国家比较起来，中国的劳动力相对多，相对便宜，资本相对短缺，如果按比较优势发展，就要多发展一些劳动力相对密集的产业，这有利于穷人收入的增长。

由此，笔者提出了本书的第一个研究假说，我国产业劳动密集度是否影响了产业发展的减贫效应？

很多研究表明，我国东、中、西部在自然条件、经济发展水平和农村贫困特点存在很大差异。在自然条件方面，我国中部地区和西部地区海拔较高，地形复杂，对工农业生产和交通建设较为不利，但自然资源相对丰富。东部地区气候基本上位于东部季风区内，气候湿润，有利于农作物生长，但是自然资源能源、原材料相对不足。在经济发展水平方面，我国中部和西部地带经济发展基础一直比东部地区薄弱。改革开放以后，随着国外资本的涌入，东部地区经济发展基础条件进一步增强，农村工业化程度较高，生产力水平较高，东、中、西部的经济发展水平进一步拉大。在农村贫困特征上，而且改革开放以前，我国贫困人口分布地区间差异不很明显。随着我国经济的发展，我国农村的贫困分布也发生显著变化，地区间差异明显。目前我国剩余的贫困人口主要分布在我国中、西部的农村地区，东部地区贫困人口相对较少。

既然东部、中部和西部地区无论是经济发展水平、自然条件还是农村贫困特点都存在着很大的差异，那么产业发展对农村贫困减少的作用是否会因地区不同而存在差别？

由此，笔者提出了本书的第二个研究假说，我国不同地区间产业发展的减贫效应是一样的吗？

1.4.2 研究目标

（1）中国三次产业对农村贫困减少的效应。

本书运用国家扶贫办的贫困数据，以农村贫困发生率衡量农村贫困，并在产业发展与农村贫困减少的计量模型中加入控制变量，更加准确地分析产业发展的减贫效应，并分析了这些控制变量对农村贫困减少的影响。

（2）产业发展减贫效应不同的原因。

本书将对产业劳动力密集程度与产业发展的减贫效应实证分析，提出研究假设和计量模型，接着对实证结果进行分析。然后通过几个典型案例进一步分析产业劳动力密集程度与产业发展减贫效应的关系。

（3）不同地区间产业发展的减贫效应差异及原因。

本书将继续对我国东部、中部和西部地区产业发展的减贫效应进行探讨。首先分别讨论对东部、中部和西部地区产业发展减贫效应进行实证分析的必要性，然后分别对东部、中部和西部地区产业发展减贫效应进行实证分析，最后探讨东部、中部和西部地区产业发展减贫效应不同的原因。

（4）四大历史发展趋势下农业产业发展的减贫效应的变化趋势。

基于农业产业发展减贫效应最大的前提，本书分析了在大规模非农就业增加、人口自然增长减慢、食品消费结构转型和农民专业合作社发展迅速等四大历史条件交汇下我国农业发展对农村贫困减少的影响。

1.4.3　研究内容

基于前述研究目标，本书的章节安排表述如下：

第1章为导论。首先，阐述研究背景，在此基础上提出所要研究的问题、研究的目的和意义；其次对本书的研究方法和技术路线进行说明；最后介绍本书的主要结构和可能的创新点。

第2章为文献综述。这一章先对国内外经济增长与农村贫困减少研究现状进行评述，然后对国内外产业发展与农村贫困减少现状与评述。

第3章为经济增长与贫困减少。这一章首先将梳理新中国成立后我国农村反贫困历程，其次分析我国经济增长对农村贫困减少影响机制分析，再次对经济增长与农村贫困减少的关系进行实证分析，最会做出本章小结。

第4章为产业发展与农村贫困减少。首先讨论我国产业结构和就业结构变动及其特征，这一部分的讨论将为本章的后面部分和第5章的研究打下基础；其次建立产业发展与农村贫困减少的计量模型，说明数据来源及变量选择，进行实证分析；最后做出本章小结。

第5章为产业发展的减贫困效应的解释。首先对产业劳动力密集程度与产业发展的减贫效应的实证分析，提出研究假设和计量模型，对实证结果进行分析；其次本章通过几个典型案例进一步分析产业劳动力密集程度与产业发展减贫效应的关系；最后做出本章小结。

第6章为不同地区间产业发展减贫效应比较。首先分别讨论对东部、中部和西部地区产业发展减贫效应进行实证分析的必要性；其次分别对东部、中部和西部地区产业发展减贫效应进行实证分析；再次探讨东部、中部和西部地区产业发展减贫效应不同的原因；最后做出本章小结。

第7章为总结与展望。首先总结了本书的主要观点；其次提出了本书相关的政策建议；最后分析了本书研究的不足以及下一步的研究方向。

研究内容框架如图1-1所示。

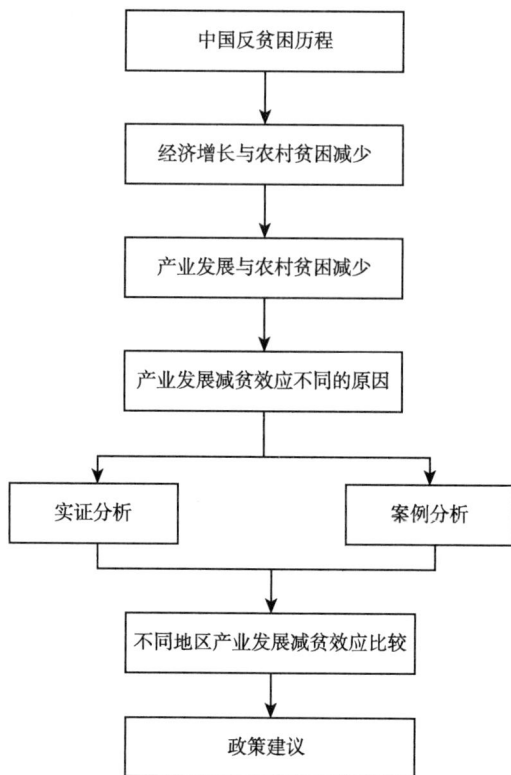

图 1-1　本书的研究内容框架

1.5　研究方法

本书对经济增长、产业发展与农村贫困减少的研究，主要采用了以下研究方法。

（1）宏观分析和微观分析相结合的方法。本书对经济增长与农村贫困减少的关系，以及产业发展减贫效应的分析，采取宏观分析的方法。计量分析运用宏观数据从宏观层面展开。对产业发展减贫效应不同的原因的分析采取宏观分析和微观分析相结合的方法。

（2）静态与动态分析相结合。对于产业发展和农村贫困减少的研究，笔者不仅从静态的角度进行分析，同时还从从动态的角度分析农业产业发展的趋势对农村贫困减少的影响。

（3）定量分析与定性分析相结合的方法。本书研究经济增长与农村贫困减少的关系时，除了使用定性分析的方法外，还通过全国和分省的贫困人口和经济发展数据，对经济增长的贫困减少效应进行了定量分析。除此之外，本书对我国产业发展的减贫效应及其不同的原因的探讨、我国不同地区产业发展减贫效应比较时都采用了实证分析。

（4）案例法。本书对我国产业发展减贫效应不同的原因的分析中，采用了案例的方法进行分析。

（5）理论研究与经验分析相结合的方法。对产业发展减贫效应不同的原因的研究，本书进行了结合经验数据的理论研究。对产业发展趋势与农村贫困关系的研究同样采取了理论研究与历史经验分析相结合的方法。

（6）系统分析方法。本书对产业发展减贫效应的研究不能孤立地单方面进行，而要保持研究工作的整体性，采取多学科、有机综合的方法进行。

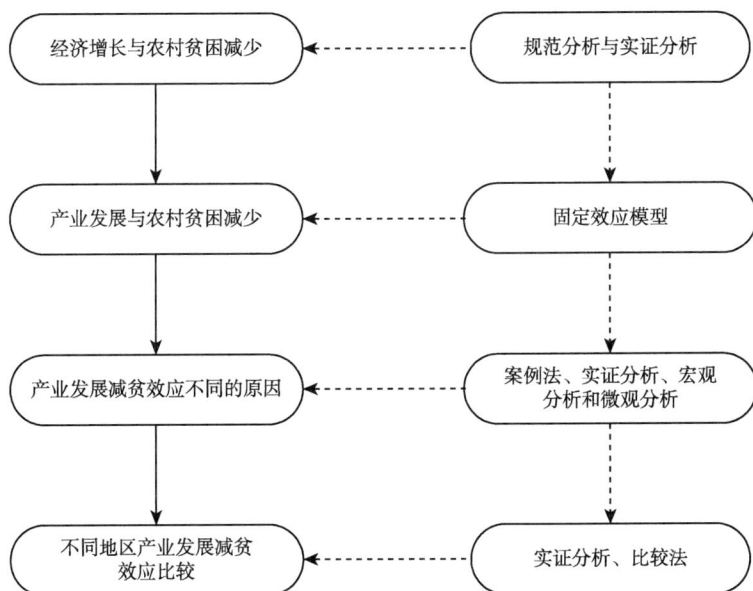

图 1－2　本书的研究技术路线

1.6 数据来源及调查方法

本书所用贫困人口数据来自国务院扶贫办公室的全国和分省的数据，其他数据均来自历年的《中国统计年鉴》《新中国六十年统计资料汇编》《新中国 60 年农业发展统计汇编》以及各省市《统计年鉴》。

本书案例主要来源包括对四川、湖南、河南、山东、甘肃 5 省 10 县 50 个村庄 1500 的农户数据调研。这一数据分为 2010 年的基期调研和 2012 年的末期调研，基期调研对农户家庭人口特征、基础设施和公共服务、收入（种植业、畜牧业、工资收入、私营活动收入、转移收入）、借贷情况（需求、能力、借贷金额、来源等）、家庭财产和住房、日常消费和食物消费等。

1.7 本书可能的创新之处

根据研究内容和研究方法，本书可能会在以下方面有一定的创新。

（1）目前的研究对于我国产业发展的减贫效应不同原因的分析，缺乏规范的实证研究。本书运用实证方法分析产业劳动密集度和产业发展减贫效应的关系，并结合贫困人口收入结构和案例分析产业发展减贫效应不同的原因。

（2）本书对我国东部、中部和西部地区的产业发展减贫效应进行了比较，并分析了各地区产业发展减贫效应不同的原因。研究进一步发现，东部、中部和西部地区第三产业内部结构不同影响了各地区的第三产业发展的减贫效应。

（3）基于农业产业发展减贫效应最大的前提，本书分析了在大规模非农就业增加、人口自然增长减慢、食品消费结构转型和农民专业合作社发展迅速等四大历史条件交汇下我国农业发展对农村贫困减少的影响。

第2章　文献综述

对经济增长、产业发展与农村贫困减少的研究，主要集中于两个方面：一是经济增长与农村贫困减少研究；二是产业发展与农村贫困减少的研究。笔者接下来将对本书相关的研究进行文献梳理。

2.1　贫困的概念与衡量的研究

2.1.1　关于概念界定及其演变的研究

贫困概念的界定一直是贫困理论发展过程中的一个核心问题。学者们对贫困定义的研究是从绝对贫困的概念开始的。朗特里（Rowntree，1889；1901）认为贫困是绝对的物质匮乏或不平等。汤森（1979）、奥本海默（1993）、劳埃得·雷诺兹（1982）、保罗·萨缪尔森（1999）、欧共体委员会（1989）、世界银行（1980；1990）、加尔布雷思（1958），阿尔柯克（1993）、迪帕·纳拉扬和拉伊·帕特尔（2001）等从"缺乏"角度做过经典的贫困界定。米勒和罗比（1971）支持贫困就是不平等的观点。美国经济学家阿马蒂亚·森（1981）从权力和能力剥夺的视角界定了贫困的定义。他们认为贫困指缺乏达到最低生活水准的能力。世界银行《2000～2001年度世界发展报告》指出贫困不仅意味着低收入、低消费，而且意味着缺少受教育的机会，营养不良、健康状况差。贫困意味着没有发言权和恐惧等。欧共体委员会从"社会排斥"的角度来界定了贫困的定义。联合国开发计划署（1997）提出人文贫困的概念。因此，我们可以看出，人们对贫困的认识经历了一个不断深化的过程，贫困的内涵也经历了一个不断丰富的过程。这一过程同时也是一个逻辑演进的过程。贫困问题已不仅仅限在经济领域，在非经济领域也有不同的表现（马尔科姆·吉列斯，迪帕·纳拉扬，2001）。Amartya Sen（2011）认为文化认同和贫困之间的耦合增加了不平等，并可能导致暴力。学者们对贫困的研究已经超出了经济领域而涉足非经济领域了。对贫困本质的认识经过了一个从宏观到微观、从经济学领域到社会学领域的变化。

国内关于贫困问题的研究充分借鉴了发达国家有关贫困问题的研究成果，并结合中国的实际对贫困问题提出了自己的看法，概括起来大致有三种观点。第一种观点认为，贫困即物质生活上的困难，缺乏维持基本生活的物质资料（汪三贵，1994；薛宝生，2006；江亮演，1990；国家统计局《中国城镇居民贫困问题研究》课题组，1990）。第二种观点认为，贫困不仅是物质上的贫困，而且还包括精神上的贫困（童星、林闽钢，1993；康晓光，1995；刘尧，2002；黄萍、黄万华，2003；陈端计，2006）。第三种观点充分考虑中国的实际，特别是针对中国城市贫困产生的特殊原因出发，从贫困产生原因的角度界定贫困问题（叶普万，2007）。蔡昉（2001）从我国反贫困历史的视角，把贫困划分为整体贫困、边缘化贫困、冲击型贫困三个阶段。李实（1998）在综合收入和消费两种贫困测量的方法的基础上，将贫困分为暂时性贫困、持久性贫困和选择性贫困三种类型。叶普万（2006）从人类贫困与反贫困的角度将贫困分为四种类型：第一，古典贫困；第二，稀缺中的贫困或经济不发展而导致的贫困；第三，经济高速发展的贫困，这是许多发展中国家在经济高速发展中，大量农村劳动力涌入城市，导致城市就业水平和下层劳动者收入水平下降而产生的贫困，发展中国家城市中普遍存在的贫困就属于这种类型；第四，富裕中的贫困。郭熙保（2005）把贫困归结为两种形式的剥夺：第一种是生理形式的剥夺，包括营养、健康、教育、住所等物质或生理上的基本需要无法得到满足；第二种是社会形式的剥夺，包括脆弱性、无发言权、社会排斥等。这两种剥夺概括了贫困概念的基本内涵，它们并不是相互替代的，而是相互补充、相互影响、相互作用的。

由此可见，从各个不同的角度和层面对贫困类型进行深入的研究，丰富了我们对于贫困的理解，这有助于我国扶贫战略的制定和实施，促进我国反贫困事业的推进。在贫困线的研究方面，国内的研究要比国外的研究晚很多。农业部 1981 年首次确定用年人均集体分配收入 40 元和 50 元来划分 1977 ~ 1979 年的穷县和穷队，这是我国第一次以收入指标来划定我国的贫困线。

20 世纪 90 年代初，国家统计局开始利用人的基本需求来定义绝对贫困，并使用最低生活成本法来确定中国官方的贫困线标准。国家统计局从 1998 年开始，同时使用收入和消费指标来估计中国的农村贫困人口数量。而其他国家一般只使用单一的收入或消费指标。

2.1.2 关于贫困分类和衡量的研究

关于贫困分类和衡量的研究主要有以下几个方面：

（1）分类问题。从经济学的视角看，在传统的绝对贫困和相对贫困"二分法"的基础上，汤森（1993）、萨克斯、莫泰基等学者提出"三分法"。在研究中，贫困通常被简化为绝对贫困和相对贫困两种形式。从 20 世纪 50 年代开始，蒂特马斯、斯密斯和汤森提出了相对贫困的概念，认为贫困不是基于最低的生理需求，而是基于社会的比较。学者们对贫困的理解已发生了范式革命。

（2）在贫困的测量方法上，汤森（1979）提出贫困的相对收入标准方法，即用平均收入作为一种测量相对贫困的方法。为了更好地测量贫困，汤森又采用了贫困的剥夺标准，即根据对资源不同程度的剥夺水平。这标志着学者对贫困的研究由从经济学领域逐渐转向了社会学领域。促进贫困减少政策也从经济方式逐步转向经济、社会和政治的综合方式。马丁·瑞沃林指出，要通过合并"绝对的"和"相对的"贫困线的概念，建立复合贫困线的简单方法（双重贫困线）。福斯特（Foster）也提出了一种混合贫困线的计算。当前国际上确定贫困线的方法主要有市场菜篮法、国际贫困标准法、恩格尔系数法、生活形态法等。阿马蒂亚·森认为相对贫困不能代替绝对贫困成为贫困的定义。但阿马蒂亚·森并没有完全否定相对贫困。他认为对贫困的测量中也应该关注的贫困具有相对的一面。阿马蒂亚·森认为可以从识别贫困和加总贫困两个步骤来测量贫困。阿马蒂亚·森在识别贫困的基础上推断出了度量贫困的森指数的新方法。阿马蒂亚·森的贫困理论提出了"能力贫困"的概念。受阿马蒂亚·森的启发，Foster 和 Greer 等构造了满足可分解性的 FGT 指数。OECD（1976）提出以一个国家或地区社会中位收入或平均收入的一半作为此国家或地区的贫困线标准。这也是后来很多发达国家所采用的贫困标准。联合国则将"每天生活费不足一美元"定义为赤贫线。除收入角度测量贫困程度以外，联合国开发计划署（1997）提出了"人文贫困"的概念，赋予了贫困新的内涵。世界银行（1998）提出了构建"人类贫困指数"指标体系，用以衡量不同国家贫困发生的程度。

2.2　贫困形成机理的研究

贫困是个伴随人类社会发展而长期存在的问题。在人类社会发展初期，人们长期与贫困饥饿做斗争。随着技术与制度的不断变迁，特别是 20 世纪以来，世界科技与经济得到空前发展，社会生产力和人们生活水平迅速提高，生产和生活条件逐步得到了改善，贫困的范围与规模不断缩小。但是，贫困问题并没有消除，国家之间、同一国家的不同阶层之间社会分化正在加剧，贫富差距呈扩大趋势，世界范围的贫困仍十分严重，并成为日益突出的社会经济问题，甚至成为社会矛盾与动荡的根源。

贫困这种普遍的现象背后有着深刻的成因。其原因既有经济方面的，也有社会方面的，还有地理环境等方面的因素。国外的许多经济学家和学者从不同的角度对贫困形成机理进行了研究，也形成了一些重要的学术成果。

2.2.1　经济视角的贫困形成机理

贫困问题是经济学研究的永恒主题。很多学者从经济学的角度研究了贫困的形成机理。

2.2.1.1 纳克斯的"贫困的恶性循环理论"

1953 年，纳克斯在《不发达国家的资本形成》中提出了"贫困恶性循环"理论，从资本供给方面看，发展中国家人均收入低，低收入意味着低储蓄水平和储蓄能力；低储蓄能力导致资本稀缺、资本形成不足；资本形成不足使生产规模难以扩大，生产率难以提高；低生产率又引起低经济增长率和新的一轮低收入。如此周而复始，形成一个恶性循环。从资本需求方面看，发展中国家人均收入水平低，低收入意味着低购买力，低购买力引起投资引诱不足；投资引诱不足导致资本形成不足；资本形成不足造成生产规模小，生产率难以提高；低生产率又导致低产出和低收入水平。如此周而复始，形成一个恶性循环。正是这两个循环相互联结、相互作用，形成了发展中国家在封闭条件下长期难以突破的贫困"陷阱"。

2.2.1.2 纳尔逊的"低水平均衡陷阱"理论

1956 年，纳尔逊根据人均资本、人口、国民收入与人均收入的关系，提出了贫困的"低水平均衡陷阱"理论：存在一个人均收入的理论值，只要人均收入低于这一理论值，国民收入的增长被更快的人口增长率所抵消，使人均收入退回到维持生存的水平上，并且固定不变；当人均收入大于这一理论值，国民收入超过人口的增长，从而人均收入相应增加，直到国民收入增长下降到人口增长时为止，在这一点上，人口增长和国民收入增长达到新的均衡，但这不是低水平均衡，而是高水平的均衡。如果其他条件不变，这种均衡也是稳定的。

2.2.1.3 缪尔达尔的"循环积累"理论

结构主义学派代表人物缪尔达尔提出"循环积累"理论来解释发展中国家贫穷日趋加剧的困境：在发展中国家，由于收入水平很低，导致居民生活水平低下，人口质量下降，劳动力素质不高，就业困难；劳动力素质不高又导致劳动生产率难以提高，生产效率低下；劳动生产率低又引起产出增长停滞甚至下降，最终低产出导致低收入，低产出导致新一轮的低收入，使发展中国家总是陷入低收入的累积性循环困境之中。由此可见，收入水平过低是导致发展中国家持续贫困的重要原因之一。缪尔达尔以为，低收入的原因有社会、经济、政治和制度等许多方面，其中比较重要原因是资本稀缺，资本形成不足，以及收入分配上的不平等。

2.2.1.4 分工和交易说

杨小凯（1998）等新兴古典学派学者认为，贫困地区的贫困是因为缺乏分工和交易，而这又是因为交易效率的低下使然。因为在贫困地区的交易效率低于交易效率的临界值，表现为交易费用的高昂使贫困地区处于自给自足的落后的小农经济状态。因为交易效率的高低决定着均衡投资回报的高低，因而作为节约交易费用的制度安排则成为贫困分析的落脚点。此观点可以归结为：交易的低效率——交易费用的高昂——均衡分工的低水平（或无分工）——生产率低下、经济落后——贫困。

2.2.2 社会视角的贫困形成机理

社会学对贫困的研究也是一个活跃的领域，它主要从社会视角寻找贫困的原因。

2.2.2.1 马尔萨斯人口论

从理论渊源上讲，最早对贫困问题进行探讨的是马尔萨斯。他认为，资本主义社会中的贫困并不是由资本主义私有制造成的，而是源于人口生产规律。他认为贫民自身是贫困的原因，与社会制度无关。此理论既包含人口数量挤压贫困，也包含人口素质挤压贫困的双重含义。

2.2.2.2 社会分层职能理论。

以戴维斯·莫尔为代表，社会分层职能理论试图从宏观上构架不平等存在以及贫困存在有利于社会的理论观点。这种学说认为，所有社会都被分成许多层次，因此收入、地位和权力的不平等是一种普遍现象。每个社会都有一定的位置，这个特定位置上的人比其他位置上的人更能对这个社会发挥作用。而这个位置上的人选一经确定，就必须给他们适当的鼓励以对他们的作用予以奖励，这样就必然产生不平等和贫困。这是普遍的、必需的和不可避免的，收入不平等是天然合理的，贫困的产生也就不足为奇。

2.2.2.3 权利贫困论

权利贫困是指一批特定的群体和个人应享有的政治、经济、文化权利和基本人权的缺乏导致的贫困。在 20 世纪 70 年代，社会排斥被用来指很多人因长期失业而被排斥在市场之外，这个概念的含义被拓宽，指某些群体部分地或全部出局，享受不到人类权利。在贫困问题研究中，出现了消除"社会剥夺"和"社会排斥"的观念。国际社会政策研究界将社会政策目标从"克服贫困"转变到了"消除社会排斥"上，这一转变就将贫困问题的解决从表象转向了根本。1995 年在丹麦哥本哈根召开的社会发展及进一步行动世界峰会上，将"社会排斥"视为消除贫困的障碍，要求反对社会排斥。Paugam 从实用主义出发，将社会排斥具体化，如强调低收入、不稳定的工作、恶劣的居住条件、家庭压力和社会疏离等。

2.2.2.4 贫困代际传递论

从 20 世纪 50 年代开始，学者们注意到了贫困的代际传递问题。"布劳—邓肯模型"为贫困的代际传递问题提供了一个可以量化的分析框架。这一模型可以反映父母的教育和职业对子女后来所取得的社会地位的影响程度。Rowntree（1901）发现，在生命周期的不同阶段，发生贫穷的可能性并不相同，尤其在儿童、父母、老年等三阶段，特别容易落入贫穷。贝克尔和托姆斯认为，贫富差距可能会在代际间形成一种传递机制。Mclanhan（1989）认为贫困家庭的未成年子女进入劳动力市场并非为了追求个人成就。因为就业能力低和经济状况不佳，将来择偶及可能限于相同情境的对象，而有可能组成另一个贫穷的家庭，这是由于家庭的低收入造成了两代间转移的结果。他还认为贫困与父母世代的经济社会背景有关。达伦多夫（1979）提出"生活机会"的观点，来说明经济失利的代际传递效应。每个人生活中的选择和机会，是取决于他或她出生时所在的社会阶级和社会关系的定位。斯切勒提出的"有限机会观点"认为，与一般人比较，少数民族、女性和低经济阶层的人，在其成长过程中并没有均等的机会去接受良好的教育，从事报酬较好的工作，获得较好的工作收入，因而阻碍和剥夺了其向上的社会流动的可能性，较容易成为贫困家庭的人口群。Rank（1994）提出"结构弱势的观点"来说明经济失利的两代效应，认为美国社会中女性及黑人的社会族群之所以有较高的贫困率，是由于社会结构的嵌入机制，以及两代间相似的社会经济地位所致。

2.2.2.5　能力剥夺学论

汤森（1979）提出相对剥夺说，这属于贫困的政治学解释。欧共体1989年《向贫困开战》报告中给贫困的定义能反映这一点。后来，此学说一派发展为"机会剥夺说"，而另一派则发展为"权利剥夺说"。阿马蒂亚·森（1999）提出，贫困的真正含义是贫困人口创造收入能力和机会的贫困，而不仅仅是收入低下，贫困意味着贫困人口缺少获取和享有正常生活的能力。阿马蒂亚·森认为，贫困更多的是因为能力被剥夺的结果，是缺少各种经济机会以及交换权利束的残缺或缩水的结果。疾病、人力资本的不足、社会保障系统的软弱无力、社会歧视等都是造成人们收入能力丧失的不可忽视的因素。Chamber认为，除了收入贫困还有许多因素可以导致剥夺。他认为承受压力、容易受到意外冲击两大因素使贫困显得特别脆弱，能力的匮乏使他们很难参与政治决策与享受各种服务。如果能力缺乏表现出来就是脆弱性。20世纪90年代以来，人们把降低脆弱性作为反贫困的重要内容，并开始关注风险对贫困的影响。对风险和脆弱性的考察是认识贫困的关键（Christiaensen et al.，2004）。贫困除了指收入微薄外，还包括各种外部不利冲击导致的脆弱性（世界银行，2000）。穷人在对市场波动、经济危机如何影响他们福利的描述中赋予贫困这样一种理解：贫困不仅是一种一无所有的状态，而且是一个人仅有的一点点东西也很容易失去（迪帕·纳拉扬等，2003）。穷人总是将贫穷与不安全、不确定以及容易受打击的脆弱性联系在一起（World Bank，1994，1997，1998，2001）。生活稳定常常比多挣钱更重要，人们对他们生活的理解与其说与贫困有关，不如说与脆弱性有关（World Bank，1994）。

2.2.3 文化视角的贫困形成机理

贫困文化论是 20 世纪 60 年代由奥斯卡·刘易斯创立的，这一理论强调父母养育方式与社区生活对孩子的影响。他从全社会角度、社区层次、家庭层次和个人层次等四个方面说明贫困文化对穷人的影响。"贫困文化论"解决的问题是贫困如何在穷人之间传递。认为贫困是一种自我维持的文化体系。穷人由于长期生活在贫困之中，从而形成了一套特定的生活方式、行为规范、价值观念体系等，一旦此种"亚文化"形成，就会对周围人特别是后代产生影响，从而导致代际传递。沃尔曼指出，对贫困问题研究必须深入贫民大众心理、态度和价值体系之中，进一步分析他们的贫困文化。

2.2.4 制度视角的贫困形成机理

这种理论认为任何一种贫困都是特定的社会制度的产物，资本短缺、资源贫乏、人口失控以及科技文化落后等之所以形成的原因，都可以在制度分析中找到答案。即制度贫困制度落后和制度短缺，是一切贫困形成的总根源。早期的制度贫困研究可追溯到马克思剥削理论的核心观点：即制度造成贫困。缪尔达尔（1994）认为，发展中国家的贫困，绝不仅仅是纯粹的经济原因，而是政治、经济与文化等因素综合作用的结果。托达罗认为，贫困和收入分配的严重不公平问题并不是自然增长过程的必然结果。如果增加的国民收入可以在人们中广泛分配的话，那么它多多少少要依赖于经济增长的特点和政治及制度的安排。Mark Robert Rank 认为贫困根源于制度，因此消除贫困需考虑更广泛的制度层面的解决措施。Brady David 从宏观的制度层面着手，指出左翼政治制度的力量对贫困有强大的负面影响。国内学者茅于轼（1995）、刘玉龙（2005）、黄少安（2003）等对中国的研究表明：不合理的制度造成了贫困。

2.2.5 地理环境视角的贫困形成机理

从经济地理角度考察贫困，贫困被定义为生存空间不足。这也是最为传统的贫困成因解释。贫困处境论是以查理斯·瓦伦丁、海曼·罗德曼等一批社会学家提出的。他们认为贫困是由于贫困者所居住的环境恶劣等原因引起的，如自然环境恶劣、土地贫瘠、交通不便、水资源缺乏、自然灾害频发、基础设施落后等引起人们生存生活的困难，从而导致收入低而且支出相对又高，最终无法摆脱贫困。Prebisch（1964）、Singer（1950）等人首先从国际贸易的角度解释资源出口国家贫困化增长的原因，揭示了资源诅咒现象。Elissaios Papyrakis 和 Reyer Gerlagh（2004）利用美国 1986～2001 年 49 个州的截面数据，考察不同区域间经济增长水平的差异，对自然资源丰裕度与地区经济增长之间的关系及传导机制进行了研究，结果表明，丰裕的自然资源主要通过降低投资、对外开放度、科研教育水平和增加贪污腐败等机制影响美国地区经济增长。

此外，由于全球气候环境的变化导致自然条件恶劣，特别是自然灾害的频发，而造成人们基本生活与生产条件可视为基本生存权利被剥夺的贫困现象。这类贫困，有的学者称其为"气候贫困"。M. P. Stone（2006）、胡鞍钢（2009）、程静（2010）都对此进行了研究。

2.2.6 个体视角的贫困形成机理

个体视角的贫困形成机理着重于从贫困人口的自身因素方面分析。

以西奥多·舒尔茨为代表的经济学家认为传统农业内部的资源配置是有效率的，这就是所谓的"贫困而有效率"的著名命题。他认为，农民之所以贫穷是由于缺乏知识和高质量的投入，只要增加农户的知识，并有效使用"较好"技术的知识，引进现代农业的高质量投入，便可望打破传统内部均衡和停滞条件，从而带来更高产量，消除贫困。舒尔茨认为，增加农户的知识，提高他们的人力资本，有助于消除贫困；反之，农民的人力资本低会导致农民的贫困。

在后来研究中，一个地区的人力资本状况常常用素质、观念、健康状况、受教育水平或拥有的知识量等指标衡量。国内学者李守经（2000）、韩劲（2006）、岳希明（2007）等认为地区的人口素质低下、观念落后导致了贫困。贫困人口的素质低主要表现为受教育水平低，掌握的知识量少，使他们难以打破传统和习惯，接受新的生产、生活方式以及大多数新事物、新现象（沈红，2000），同时也影响他们非农就业的机会。对于这种由知识缺乏造成的贫困，胡鞍钢等（2001）称其为"知识贫困"（knowledge poverty）。此外，有的学者如李守经（2000）等从发展主体自身残缺、发展主体对权利的无知、发展主体对权利的主动放弃等方面分析了贫困形成机理。

20 世纪 90 年代以来，一些学者如 Ahmed 和 Lipton（1999）、Ethan 和 Ligon（2003）、L. Christiaensen 和 Jam al Haroon（2009）等开始关注贫困脆弱性，即现在非贫困的人口可能由于某种风险打击在将来陷入贫困状态。现在处于贫困状态的人口可能只是短期的贫困而在将来脱贫或者在将来继续贫困。由于贫困脆弱性来自经济、社会、自然等多种方面，故笔者认为它是一种综合视角的贫困形成机理。

纵观国内外学者对贫困发生机理的研究，已有丰富的理论成果，也有着较为深刻的认识，但是依然存在着以下问题：

（1）目前，关于贫困形成机理的研究还没形成完整的理论体系。已有的研究成果都只是从某个角度诠释了贫困的成因，在不同程度上揭示了贫困形成原因的一个或几个方面。例如，马尔萨斯的贫民自身导致贫困论、马克思等人的制度贫困论、纳克斯贫困的恶性循环论、刘易斯的贫困文化论、舒尔茨的人力资本短缺论等，都只是从某个角度诠释了贫困的形成机理。贫困是一个复杂的社会大系统问题，尤其是在多维贫困的视角下，贫困的形成机理将更加复杂。如果仅仅从单一角度出发，很容易就同一个问题形成迥然不同的观点。我们需要一个统一的分析框架，科学地揭示所有的致贫因素及其内在的作用机理，从而提高对现实的解释力和指导力。

（2）现有对贫困形成机理的研究围绕着贫困个体内在能力缺乏和外在获得、运用能力机会的缺失这两条主线。也就是说，现行的理论体系大多是把人作为"个体"来研究和对待,而缺乏从区域和人群的构成这个角度来研究贫困的形成机理。以中国反贫困实践为例,改革开放30多年来,中国的反贫困事业取得了举世瞩目的成就,但当前,中国农村贫困的性质与特点已经正在发生新的变化,其贫困分布已从改革开放初期的整体性贫困,向区域性贫困(尤其是老区、少数民族、边境地区的贫困)过渡。为了进一步推进中国的反贫困事业,我们需要进一步深化贫困发生机理的研究。

(3)当前贫困地区大多是气候变化的高度敏感区,而气候变化导致的干旱加剧、森林植被萎缩、水土流失加剧、极端气候事件频发等灾害,使这些地区的环境进一步恶化,贫困农户生计受气候变化负面影响的趋势越来越明显。目前,贫困发生机理的研究对于气候变化对贫困的影响及其气候变化和气候变化与其他致贫因素的相互关系研究尚存在不足。

2.3 经济增长与贫困减少的研究

理论界对经济增长与贫困的关系研究非常多,但学者们研究结果的观点却并不一致。就基本观点而言,我们可以分为两种:一种观点认为经济增长能使所有人(包括贫困人口)受益,能促进此国家或地区贫困人口的减少;另一种观点认为经济增长对贫困减少的促进作用存在不确定性。

2.3.1 认为经济增长促进贫困减少的观点

关于经济增长促进贫困减少,理论界在这一方面的研究成果较为丰富。其中,影响颇大的是经济增长论。第二次世界大战后,经济增长促进贫困减少的论点是建立在"涓滴"效应假设之上的。"涓滴"效应指经济增长的利益将对穷人起"涓滴"作用。这意味着一个国家即便是没有专门以减少本国贫困人口的宏观政策和措施,经济增长仍然会自动地促进国内经济活动,增加本国政府的财政收入,最终自动惠及本国的每一个人。经济增长自动地促进国内经济活动将为贫困人口提供更多的就业机会;经济增长带来本国政府财政收入的增加将使政府有能力对贫困人口实施更多的转移支付。这两者会共同促进本国贫困人口的减少。

一些学者通过实证研究分析贫困减少和经济增长的关系。Ahluwalia 等（1979）和 Fields（1980）指出，很多国家的经济增长促进了贫困的减少。然而，与这种情况正好相反，一些国家在 20 世纪 80 年代出现了经济衰退的同时本国贫困人口增加的现象。Fields（1989）也认为，一个国家的经济增长越快，那么这个国家的贫困人口减少得越快。Timothy Besley 和 Robin Burgess（2004）① 认为经济增长有效地促进了贫困人口的减少。Bhalla（2001）认为经济增长能有效地促进贫困的减少。当一个国家创造了一个利于经济增长的环境时，那么本国的贫困人口就会减少。Dollar 和 Kraay（2002）指出处于社会最贫穷的 1/5 人口的平均收入随着社会总人口平均收入存在着一一对应的关系。他们运用 92 个国家在过去 40 年的数据资料发现，开放的贸易或其他宏观政策（如良好的法治，低增长的刺激下，政府消费，宏观经济稳定，金融发展）有利于穷人收入的提高。国内学者汪三贵（2008）等指出，中国经济的快速增长，为缓解农村贫困提供了坚实的经济基础，为贫困人口的大幅减少做出了重大贡献。

2.3.2　认为经济增长对贫困的影响存在不确定性的观点

但是前面的观点受到了一些学者的质疑。他们认为，经济增长对贫困的影响存在不确定性。

反对经济增长有利于贫困减少的学者从库兹涅茨曲线中得到支持。库兹涅茨提出了倒"U"型假说：随着经济发展而来的"创造"与"破坏"改变着社会、经济结构，并影响着收入分配。他利用各国的资料进行比较研究，得出结论：在经济发展初期的阶段，收入分配将随同经济发展而趋于不平等。随着经济的逐步发展，收入分配将趋于平等。根据库兹涅茨的理论，发展中国家往往处于收入分配差距扩大的阶段。因此，经济的增长是伴随着收入分

---

① Timothy Besley, Robin Burgess, and Berta Esteve-Volart, "Operationalising Pro-poor Growth: India Case Study", Consulting Paper, 2004.

配差距扩大为前提的。这就意味着，随着收入分配差距的扩大，穷人在经济增长中受益将较小。所以经济增长不一定能促进对贫困减少。

关于经济增长的"涓滴"效应，一些学者认为，经济增长对穷人的"涓滴"效应的发生是有前提条件的。一个国家的经济结构、文化风俗习惯、制度安排等都会影响经济增长的"涓滴"效应。Adelman 和 Morris（1973）认为，在一些低收入国家并没有发生经济增长对最贫困的人口的"涓滴"效应。相反，一些国家穷人的生活状态随着经济增长趋于恶化。

一些学者的研究表明，经济增长是影响贫困减少的一个重要的因素，但它并不能解释所有贫困减少的现象。Ravallion（2001）认为，经济增长的性质将影响经济增长的减贫效应。经济增长、收入分配和贫困减少之间存在着复杂的关系。Balisacan（2003）认为，经济增长的质量应该更高，才能使经济增长更多惠及穷人。Beck 和 Levine（2004）认为，只有当经济增长带给社会的福利明显偏向社会的穷人时，经济增长对本国的贫困人口减少的促进作用才会更大。魏众和别雍·古斯塔夫森（1999）、Yao 等（2004）、陈立中（2009）等认为，经济增长大幅度减少贫困，收入差距扩大抵消了部分经济增长的减贫效应。

2.4 产业发展与贫困减少的研究

随着研究的深入，除了经济增长本身之外，经济增长的产业构成对贫困减少的作用也引起一些学者的兴趣。国外的研究如 Ravallion 和 Datt（1996）通过对1951～1991年印度贫困变化和三大产业产值增长率的分析，发现印度的农业和服务业的发展对于贫困减少的贡献大于第二产业。Haider A. Khan（1999）[①] 研究发现，农业、服务业和一些制造行业的增长可以促进非洲贫困黑人人口的减少。只有同时促进经济增长和贫困人口的人力资本存量的长期政策才能有效地减少贫困。Cristobal Kay（2009）从产业协同发展的角度分析

---

① Haider A. Khan, Sectoral Growth and Poverty Alleviation: A Multiplier Decomposition Technique Applied to South Africa, World Development, Volume 27, Issue 3, March 1999, pp. 521 - 530.

产业增长对农村贫困减少的不同影响，认为农业和工业的协调发展才能最大化地促进农村发展，消除贫困。Norman V. Loayza 和 Claudio Raddatz（2010）通过推导产业劳动密集程度与工资增长关系的数理模型，运用了55个发展中国家的相关数据实证分析了不同产业增长对贫困减少的不同影响。他们发现，不仅是经济增长的规模，经济增长的产业结构同样对贫困减少起着重要作用，尤其是雇佣非熟练劳动程度高的产业对贫困减少作用大。Channing Arndt 和 Andres Garcia 等（2012）[1] 认为，尽管经济增长通常会有减少收入贫困的效应，但这种效应在不同国家有明显的差异。这种差异的典型解释包括增长与贫困测量差异和经济增长中经济结构的不同。他们以两个的经济增长程度类似但经济结构不同的国家——莫桑比克和越南进行对比，研究发现越南的经济结构更有利于贫困的减少。

一些学者对中国产业发展和贫困减少进行了研究。Ravallion 和 Chen（2007）[2] 研究了1980~2001年中国贫困减少情况，通过实证分析发现农业增长对于贫困减少的贡献大大超过第二和第三产业。李小云、于乐荣和齐顾波（2007）研究发现，2000~2008年中国不同产业增长对减少贫困的作用是不同的。从全国平均来看，农业增长的减贫作用最大，第二产业和第三产业的增长对减少贫困也具有重要的作用。张萃（2011）以占总人口20%的最低收入人群的平均收入来衡量贫困，从经济增长的产业构成视角切入，就经济增长与贫困减少论题进行了实证研究。研究发现，1978~2007年，在减少贫困方面第一产业和第三产业增长的减贫效应非常显著，而第二产业增长的减贫效应微弱。

2.5 益贫式增长与农业发展

20世纪80年代，以美国华盛顿为基地的国际机构如国际货币基金组织、

---

① Channing Arndt, Andres Garcia, Finn Tarp, James Thurlow（2012）, "Poverty Reduction and Economic Structure: Comparative Path Analysis for Mozambique and Vietnam" [J], Review of Income and Wealth, Volume 58, Issue 4, pp. 742–763, December 2012.

② Martin Ravallion, and Shaohua Chen, "China's (Uneven) Progress against poverty", Journal of Development Economics, 2007, 82（1）, 1–42.

世界银行和美国财政部等为发展中国家开出了一系列主张自由化、私有化、削减社会福利的改革处方，这就是"华盛顿共识"。华盛顿共识信奉滴漏经济学（trickle down eco-nomics），即经济增长所带来的经济利益会自动惠及社会各阶层，经济增长可以自动消除贫困。但是联合国《2005 年世界社会状况报告》指出，自 80 年代以来，大量国家经济快速增长的同时，贫富差距问题却在恶化。这表明世界经济的发展成果并没有惠及穷人。因此，很多国家政府与国际机构都重新定义了发展目标——寻求更有利于穷人的增长方式，即益贫式增长（pro-poor growth）。

2.5.1　益贫式增长定义

Chenery 和 Ahluwalia（1974）提出了一个经济增长再分配模型，强调经济增长利益的再分配，这个模型被认为是益贫式增长争论的起源。1990 年世界发展报告（1990）提出了普遍增长的概念，主张社会利益均等化。在此之后，包括世界银行、美国发展组织和亚洲发展银行在内的很多国际发展机构以及很多非政府组织都频繁提出益贫式增长的理念。1999 年 6 月，亚洲发展银行把益贫式增长作为贫困减少战略的三项支柱之一。

益贫式增长的定义有一般定义和严格定义两种。益贫式增长的一般定义认为，只要穷人的收入增长率大于 0，那么这种增长就是益贫的（OECD，2004）。按照这种定义，穷人的任何收入增长都是益贫的。益贫式增长的严格定义则认为，益贫式增长不仅仅指贫困的减少，而应包括经济增长的利益更多地流向穷人。益贫式增长的严格定义包括相对方法和绝对方法。White 和Anderson（2000）认为，绝对益贫式增长是指穷人获得的增长的绝对利益要等于或大于非穷人获得的绝对利益。这被认为是实现益贫式增长的最强要求，被称为超级益贫。在实践中，这种定义的益贫式增长难以实现。McCulloch 和Baulch（1999）、Ravallion 和 Chen（2003）、Son（2004）、Klasen（2005）、Kakwani 和 Son（2007）等提出了相对益贫式增长概念。这种概念认为，益贫式增长指经济增长给穷人带来的收入增长大于非穷人的收入增长。这意味着益贫式增长减少贫困的同时还改善不平等。

2.5.2 益贫式增长策略

一个国家应该实施怎样的政策才能实现益贫式增长，这就是益贫式增长策略的问题。理论界认为益贫式增长策略有：（1）宏观经济稳定性，Dollar 和 Kraay（2002）、Christiaensen 等（2003）、Lund-berg 和 Squire（2003）、Lopez（2004）都认为稳定的宏观经济能促进益贫式增长。（2）贸易政策，Dollar 和 Kraay（2002）、Dollar 和 Kraay（2004）研究发现，一国开放的贸易政策与经济增长和贫困减少存在正相关关系。（3）小额信贷（microfinance），Hulme 和 Mosley（1996）认为小额信贷对借款者收入有正向的影响。（4）健康，Claeson 等（2001）认为，政策制定者应该增加在健康领域的努力，促进穷人的基本健康服务、加强控制传染疾病，这将有助于实现益贫式增长。（5）环境政策，Cavendish（1999）认为，全世界大部分穷人生活在农村并在很大程度上依赖自然资源，因此一国环境政策对于穷人和增长有显著影响。（6）教育，Knowles、Lorgelly 和 Owen（2002）指出，初等教育的扩张有利于不平等的减少，而针对高技术精英的教育扩张会增加社会不平等。除了以上方面之外，益贫式增长策略还包括农业发展政策、人口政策和应对短暂冲击的公共安全网等。

2.5.3 农业发展与益贫式增长

促进农业发展是一国实现益贫式增长的重要策略，这方面的研究如下：Martin Ravallion 和 Gaurav Datt（2002）[1] 使用印度跨越 1960~1994 年的 15 个省家庭调查资料，研究发现，提高农产品产量，更高城市和农村非农支出和较低的通货膨胀率能够促进贫困的减少。Andrew Dorward 和 Jonathan Kydd 等

---

[1] Martin Ravallion, Gaurav Datt, Why has economic growth been more pro-poor in some states of India than others?, Journal of Development Economics, 68（2002）: 381 - 400.

(2004)① 认为积极的国家干预对这些地区农业发展、贫困人口减少很重要。C. Peter Timmer（2005）② 认为，不提高农业部门的生产力，没有任何一个国家能够保持快速的发展，摆脱贫困。农村基础设施建设和现代农业技术推广将决定未来农业的增长和贫困减少。Alain de Janvry 和 Elisabeth Sadoulet（2010）③ 农业增长长期以来被公认为是减少贫困的一个重要工具。然而，这种关系仍然很少、仍然缺少可靠的测量。他们提出了额外的证据。根据最新的部门和家庭层面的数据，结果表明，农村扶贫一直伴随着产量和农业劳动生产率的增长，但这种关系存在跨区域差异。研究还发现，源于农业的国内生产总值增长对社会40%最贫穷人口收入增长的作用是其余部分经济增长作用的3倍。农业的力量不仅来自其直接减少贫困的效果，但其潜在的强劲增长，以及经济联动效应。他们以越南为例，农业的快速增长已是农户摆脱贫困的途径。虽然农业增长在减少贫困方面作用很大，但诱导农业增长的公共投资仍然不足。Xinshen Diao，Peter Hazell 和 James Thurlow 等（2010）④ 认为农业是非洲发展的关键环节。虽然非洲还面临着许多新的挑战，这和亚洲国家所面临的不同，很少有证据表明，这些国家可以绕过一个基础广泛的农业革命，成功地推出它们的经济转型。农业增长比非农业增长更有利于贫困的减少。

2.6 反贫困思路的研究

《2000~2001年世界发展报告》从1990~1999年的世界反贫困经验出发，认为今后促进贫困人口减少的政策应以创造机遇、促进向贫困人口赋权和增

---

① Andrew Dorward，Jonathan Kydd，Jame Morrison and Ian Urey，A Policy Agenda for Pro-Poor Agricultural Growth，World Development Vol. 32，No. 1，pp. 73 – 89，2004.

② C. Peter Timmer Agriculture and Pro-Poor Growth：An Asian Perspective Available at SSRN 1114155，2005 – papers. ssrn. com.

③ Alain de Janvry † Elisabeth Sadoulet，Agricultural Growth and Poverty Reduction：Additional Evidence，The World Bank Research Observer，vol. 25，no. 1（February 2010）.

④ Xinshen Diao，Peter Hazell，James Thurlow. The Role of Agriculture in African Development，World Development Vol. 38，No. 10，pp. 1375 – 1383，2010.

强贫困人口安全保障为核心。促进贫困减少的战略可以大致分为以下三种：第一种是以收入分配为主导的社会福利战略；第二种是以促进经济增长为主导的"涓滴"受益战略，这是第二次世界大战后很多发展中国家选择的扶贫战略；第三种是以促进贫困人口能力建设为主导的目标瞄准战略。一些国际研究机构和很多发展中国家政府在 20 世纪 80 年代后越来越意识到经济增长的成果并不能惠及穷人。基于这一认识，许多发展中国家转向实施目标瞄准型扶贫战略。

在促进贫困人口减少的路径选择上，世界上主要有三种模式：第一种是很多西方国家采用的资源配送模式，这种模式主张对贫困人口的资源配送、社会救济；第二种是惩罚"机能障碍"模式，这种模式针对第一种模式中通过资源传送解决贫困问题的低效率，主张通过消除贫困人口的"机能障碍"来彻底解决贫困问题；第三种是介入"机遇机构"模式，这种模式将贫困和导致贫困的"机遇结构"联系起来，从仅仅只针对贫困人口本身的研究专项到对导致贫困形成的社会、解决结构的研究。由此可见，关于反贫困战略和反贫困模式有很多理论。具体说来有以下几种：

（1）以高速持续的经济增长带动大规模的减贫。世界银行在 80 个国家对过去 40 年数据的抽样调查分析表明，能够减贫的增长与有利于穷人的增长并不是截然分开的，贫困人口收入的提高与整体增长是一致的。如果一个国家总体经济增长缓慢甚至停滞，那么要让这个国家的穷人脱贫或缓贫是很难想象的。最近的研究也表明了经济增长对贫困减少具有重要作用。Bhalla（2001）认为经济增长能有效地促进贫困的减少。当一个国家创造了一个利于经济增长的环境时，那么本国的贫困人口就会减少。Kraay（2004）认为经济增长是促进贫困减少的一个关键因素。Dollar 和 Kraay 发现最穷人口的收入与这个社会平均收入的增长存在着一一对应的关系。Moser 和 Ichida（2001）的研究则得出了相似的结论。世界银行（1990）指出国民经济的持续增长及其模式对这个国家的贫困人口减少有着举足轻重的作用。世界银行建议政府干预战略以"为贫困人口创造机会"和"增加贫困人口的能力"为核心：一方面是大力促进本国劳动密集型产业发展；另一方面是为贫困人口提供教育、医疗等基本社会服务，通过提升劳动力的人力资本来促进贫困人口谋生的能力提高，以解决贫困人口自我发展的问题。

（2）工业化。这种模式以罗森斯坦·罗丹的"大推进"理论为依据。这种模式认为，发展中国家的贫困问题很大程度是由于本国以农业生产为主，劳动生产率水平低下所导致的。因此，这个模式认为这些国家应该通过大力促进本国的工业化来解决本国的贫困问题。

（3）资本积累。这种模式以纳克斯的"贫困恶性循环"学说为理论基础。1953 年，纳克斯在《不发达国家的资本形成》中提出了"贫困恶性循环"理论，从资本供给方面看，发展中国家人均收入低，低收入意味着低储蓄水平和储蓄能力；低储蓄能力导致资本稀缺、资本形成不足；资本形成不足使生产规模难以扩大，生产率难以提高；低生产率又引起低经济增长率和新的一轮低收入。如此周而复始，形成一个恶性循环。从资本需求方面看，发展中国家人均收入水平低，低收入意味着低购买力，低购买力引起投资引诱不足；投资引诱不足导致资本形成不足；资本形成不足造成生产规模小，生产率难以提高；低生产率又导致低产出和低收入水平。如此周而复始，形成一个恶性循环。正是这两个循环相互联结、相互作用，形成了发展中国家在封闭条件下长期难以突破的贫困"陷阱"。所以这种模式主张通过大规模的资本投资来解决贫困问题。

（4）人力资源扶贫。阿马蒂亚·森、舒尔茨等学者重视人力资源开发，重视能力培养在摆脱贫困中的作用。舒尔茨（1960）认为，人力资本投资能有效地增加劳动者的技能，可以提高劳动生产率和经济效益。很多其他学者认为对人力资本开发在一国贫困减少中有着重要作用。Thorbecke 和 Jung（1996）指出贫困人口的人力资本必须得到有效提升，才能避免其生活状况在此国工业化进程中进一步恶化。Jones（1984）的研究指出，相比于物质性的援助项目，提升贫困人口的接受教育和就业的机会更有益于贫困人口的发展，更有助于促进一国贫困人口的减少。迪帕·纳拉扬认为一些国家的权力关系会导致贫困人口是否有能力获得足够的食物。世界银行研究报告（2009）指出一个国家的反贫困战略的重点应该在贫困人口集中的社区提供更多的经济、社会和政治机会，以促进贫困减少。

（5）资产建设理论。迈克尔·谢若登（Michael Sherraden，1991）首次提出了针对穷人的资产社会政策，资产社会政策主要针对的是传统的以收入为基础的反贫困政策，强调政府通过政策帮助穷人建立起资产，以促进其脱离贫困。他认为，传统的以收入为基础的社会政策只能满足穷人暂时的基本生活需求，短期地改善穷人家庭的生活条件，并不能帮助穷人摆脱贫困，一个人缺乏资产是导致持续产生贫穷的机制，只有多重福利效应资产才能帮助穷人彻底的摆脱贫困。需要政府通过制度有组织地引导和帮助穷人进行资产积累与投资，主张政府建立起帮助穷人积累资产的发展账户。

（6）综合措施。这种模式主张采用综合措施来促进贫困人口的减少。如缪尔达尔主张发展中国家应从土地改革、权力关系改革和教育改革来促进贫困人口减少。西奥多·舒尔茨（1968）认为发展中国家应该通过实行最低工资和农产品价格支撑、促进经济增长和就业、增加对贫困人口的公共投资来促进本国的贫困减少。R. Gaiha（2000）认为，一个国家应该把土地政策、劳动力政策和信贷市场政策形成一个有效的组合，以促进本国的贫困人口减少。他认为最低工资法、农村公共工程、政府保险计划干预等政策都能促进贫困的减少。

2.7　我国扶贫模式的研究

总体来讲，20 年的中国农村反贫困基本模式可以分为两种：一种是在大规模反贫困计划以前的救济式扶贫；另一种是有针对性的开发式扶贫模式。但由于自然地理环境和社会经济发展水平的差异，以及贫困类型的不同，在开发式扶贫总的方针下，具体的反贫困模式也纷呈多样化。资金是推动贫困地区经济发展的重要因素。大量的扶贫投资对贫困地区解决温饱和社会经济全面发展的影响是直接而深远的。

林毅夫、李永军在《中国扶贫政策——趋势与挑战》中，对中国未来的扶贫政策和制度安排提出了政策建议，认为对中国这个以劳动力相对丰富、资本相对稀缺为其资源禀赋特点的发展中国家来说，应该遵循比较优势战略发展经济，实现"经济—社会协调发展"，在扶贫活动中逐渐增加市场化扶贫的内容，更多地发挥非政府组织的扶贫功能，适当地减少政府对扶贫过程的主导程度。在坚持开发式扶贫的基础上，拓展扶贫政策的内容和领域，建立综合的扶贫体系和扶贫制度。采用建立社会安全网的方式来对农村极端贫困人口进行扶贫，以及进一步拓展和完善开发式扶贫的内容，等等。

对于中国如此显著的减贫绩效，许多学者对其原因进行了研究，包括汪三贵（2008）、李实（1998）、陈绍华、王燕（2001）、林伯强（2003，2005），黄季焜（2004），胡兵等（2005）、万广华、张茵（2006）、胡鞍钢等（2006）、冯星光、张晓静（2006）等。研究都认为，中国如此显著的减贫绩效主要归因于持续的经济增长和有针对性的扶贫投资。

2.8 评　　述

目前理论界对我国产业发展与农村贫困减少的研究取得了不少成果，但是仍然存在以下问题：

（1）有的研究以占总人口 20% 的最低收入人群的平均收入来衡量贫困，进而研究我国产业发展与贫困的关系，忽视了贫困的动态性和复杂性，难以准确研究我国产业发展对贫困减少的效应。

（2）目前理论界的研究对于我国产业发展减贫效应不同的原因大多从经验数据推断，缺乏规范的实证分析，研究不够深入。

（3）目前的研究对我国不同地区间产业发展减贫效应不同进行了分析，但对不同地区间产业发展减贫效应不同的原因的分析不够深入。

（4）产业发展促进了我国农村贫困减少，这在理论界有着基本一致的看法。然而，目前的研究缺乏基于产业发展趋势的视角对我国产业发展减贫效应的研究。

第3章 经济增长与贫困减少

3.1 引　　言

改革开放 30 年以来，我国在反贫困实践中取得了举世瞩目的成绩。我国农村绝对贫困人口从 1978 年的 2.5 亿下降到 2007 年的 1428 万，贫困发生率呈现明显的下降趋势，由 1995 年的 30.7% 下降到 2007 年的 1.6%。我国低收入人口数量也大幅度下降，2006 年我国低收入人口数量为 3550 万人，这比 2000 年减少了 2663 万人。2010 年国家扶贫开发重点县农民人均纯收入达到 3273 元[①]。与此同时，贫困地区的各项社会事业得到长足的发展，教育、医疗卫生等方面的指标已达到或接近全国平均水平，基础设施状况明显改善。沂蒙山、井冈山、大别山和闽西南等集中连片贫困地区整体解决了温饱；历史上"苦瘠甲天下"的甘肃定西地区和宁夏西海固地区，贫困状况大为缓解。贫困人口的精神面貌发生了巨大的变化。扶贫开发的显著成效，促进了我国的社会和谐。同时，中国的扶贫开发也为全球的反贫困事业做出了重要的贡献。本章首先分析我国经济增长对农村贫困减少影响机制分析，其次对经济增长与农村贫困减少的关系进行实证分析，最会做出本章总结。

---

① 国家统计局农村社会经济调查司.中国农村贫困监测报告.北京：中国统计出版社,2011.

3.2 我国农村反贫困历程

新中国成立以来，根据当时的经济环境和扶贫政策特点，可以将我国扶贫开发分为五个阶段。在不同阶段，国家的经济体制及分配方式在逐步改革，区域发展战略在科学调整，贫困人口的分布特征、致贫原因和人群结构呈现出不同的特点，与此相适应，中国政府选择和确定了有效的贫困瞄准机制，实施了不同扶贫策略，并逐步完善了政府的反贫困政策体系。

3.2.1 第一个阶段是 1949～1977 年为计划经济体制下的广义扶贫阶段

新中国成立以后，中国的党和政府为发展经济、提高人民的生活水平付出了极大努力。建立了计划经济体制，确定了优先发展重工业的发展战略，在农村实行了土地改革。从 20 世纪 50 年代起，开始实施农村合作化运动和人民公社化运动。同时，通过土地等主要农业生产资料的集体所有、农产品的指令性低价收购和平均分配等制度安排，为国家的工业化建设积累资本。国家在农村生产力发展方面采取了积极措施，包括：开展大规模的基础设施建设；建立了基本覆盖全国的农业技术推广服务网络；建立全国性的农村供销合作和信用合作体系；推进农村基础教育和农村基本医疗卫生事业快速发展；初步建立以农村社区"五保"制度和特困人口救济为主的农村社会基本保障体系。这些措施促进了农业生产力的发展和农村人口福利水平的提高，在中国历史上第一次大规模缓解了农村贫困。但是，由于经济基础和体制等方面的原因，广大居民尤其是农村居民生活水平提高比较缓慢，到 1978 年农村绝对贫困人口还有 2.5 亿人，占当时农村人口的 30.7%。

3.2.2 第二个阶段是 1978～1985 年为制度性变革推动大规模缓解贫困阶段

1978 年，中国开始由计划经济体制向市场经济体制转变，实行对外开放政策。改革率先在农村进行，建立了家庭联产承包责任制，废除了人民公社体制，改革了"平均主义"的分配制度，建立以市场化为取向的农产品价格形成机制和流通体制；大力发展乡镇企业，促进了农村剩余劳动力向非农产业转移。改革效应使这一时期成为中国历史上减贫效果最为显著的时期——农村绝对贫困人口从 2.5 亿下降到 1.25 亿，平均每年减少 1786 万人，相应的贫困发生率由 30.7% 减少到 14.8%，年均递减速度为 9.4%。

同时，中国政府开始尝试开展相关的扶贫活动：1980 年，中央财政设立"支援经济不发达地区发展资金"；1982 年，对甘肃省定西地区、河西地区和宁夏西海固地区进行"三西"农业建设；1984 年，开始实行以实物形式的"以工代赈"建设贫困地区基础设施，同年中共中央发布《关于尽快改变贫困地区面貌的通知》，划定了 18 个贫困地带进行重点扶持。这些措施为后来的有计划、有组织、大规模的扶贫开发提供了经验。

3.2.3 第三个阶段是 1986～2000 年为高速经济增长背景下以区域瞄准为主的开发式扶贫阶段

随着市场化经济改革的展开，中西部地区与东部沿海地区的差距逐渐扩大。中西部一些条件相对较差地区的农村经济增长和农民生活状况改善趋缓，个别地方甚至陷于停滞。为此，中国政府开始实施有计划、有组织、大规模的扶贫开发。主要措施有：成立专门机构；确立开发式扶贫方针；确定贫困标准和重点扶持区域；继续执行"支援不发达地区发展资金""以工代赈""三西建设"等资金投入政策，实施信贷扶贫政策。政府主导的开发式扶贫，使农村贫困人口保持了持续减少的态势。到 1993 年，农村绝对贫困人口减少到 8000 万，占乡村总人口的 8.8%。为了加快扶贫开发的步伐，中国政府又制定并实施了《国家八七扶贫攻坚计划》，经过 7 年的努力，到 2000 年基本实现了既定的基本解决贫困人口温饱问题的目标，农村贫困人口下降到 3200 万，贫困发生率下降到 3% 左右，这也使贫困问题从普遍性、区域性、绝对性向点、片、线分布和相对贫困演变。

这一阶段，由于产业结构调整、就业体制变化、分配体制和社会福利体制改革等原因，致使社会分化产生，收入差距扩大，城市贫困凸显。经逐步探索和发展，到 20 世纪 90 年代末期，政府初步建立起城市社会保障制度的基本框架，主要包括以养老、失业、医疗、工伤和生育五大保险为主的企业职工社会保险制度和城市居民最低生活保障制度。同期，以再就业为主要内容的开发式城市反贫困政策起步，并采取了增加就业的实际行动。

3.2.4　第四个阶段是 2001～2010 年以来为全面建设小康社会进程中的扶贫开发阶段

随着扶贫形势的变化，中国政府颁布实施了《中国农村扶贫开发纲要（2001～2010 年）》，明确提出，尽快解决少数贫困人口温饱问题，进一步改善贫困地区的生产生活条件，巩固扶贫成果。在继承开发式扶贫政策和以往经验的基础上，将工作着力点从贫困县转向贫困村，用参与式方法自下而上制定扶贫开发规划，依据规划推进扶贫工作。全国共选择确定了 14.8 万个贫困村，覆盖了 83% 的贫困人口。同时，通过实施以贫困地区劳动力转移就业为主要内容的"雨露计划"，开展产业化扶贫等措施，促进贫困地区农户拓宽就业渠道，增加收入。2001～2006 年，绝对贫困人口从 3200 万减少到 2148 万，贫困发生率由 3.4% 下降到 2.3%。6 年共减少 1052 万，平均每年减少 175.33 万人。

2010 年年底，《中国农村扶贫开发纲要（2001～2010 年）》确定的目标任务基本实现。农村贫困人口从 2000 年年底的 9422 万，减少到 2010 年年底的 2688 万，贫困发生率从 10.2% 下降到 2.8%。2001～2010 年，国家扶贫开发工作重点县农民人均纯收入从 1277 元增加到 3273 元，年均实际增长 8.1%，略高于全国农村的平均水平。同时，贫困地区基础设施和生产生活条件明显改善，社会事业不断进步，全面建立最低生活保障制度，农村居民生存和温饱问题基本解决。扶贫开发事业取得的巨大成就，为我国经济发展、政治稳定、民族团结、边疆巩固、社会和谐发挥了重要作用。我国也是第一个提前实现联合国千年发展目标贫困人口减半的发展中国家，为全球减贫做出了重大贡献。

3.2.5　第五个阶段是 2011～2020 年我国扶贫开发新的历史阶段

2010 年年底，上一个开发纲要确定的目标任务基本完成，我国扶贫开发事业取得了很大的成绩。但是我国仍处于并将长期处于社会主义初级阶段。经济社会发展总体水平不高，区域发展不平衡问题突出，制约贫困地区发展的深层次矛盾依然存在。扶贫对象规模大，相对贫困问题凸显，返贫现象时有发生，贫困地区特别是连片特困地区发展相对滞后。随着工业化、信息化、城镇化、市场化、国际化的不断深入，扶贫开发面临着新的机遇和挑战。根据扶贫开发新的历史任务和到 2020 年全面建成小康社会的宏伟目标，针对当前我国扶贫开发已经从解决温饱为主要任务的阶段转入巩固温饱成果、加快脱贫致富、改善生态环境、提高发展能力、缩小发展差距的扶贫开发新形势，需要提出进一步加强扶贫开发工作的总体思路、重点任务和政策措施。我国政府及时启动新的中长期扶贫开发纲要编制工作，2011 年 12 月 6 日，中共中央国务院印发了《中国农村扶贫开发纲要（2011～2020 年)》，这标志着我国扶贫开发进入新的历史阶段。

《中国农村扶贫开发纲要（2011～2020 年)》（以下简称《纲要》）规定的总体目标为："到 2020 年，稳定实现扶贫对象不愁吃、不愁穿，保障其义务教育、基本医疗和住房。贫困地区农民人均纯收入增长幅度高于全国平均水平，基本公共服务主要领域指标接近全国平均水平，扭转发展差距扩大趋势。"在扶贫标准以下具备劳动能力的农村人口为扶贫工作主要对象。建立健全扶贫对象识别机制，做好建档立卡工作，实行动态管理，确保扶贫对象得到有效扶持。新《纲要》规定滇西边境山区、罗霄山区、武陵山区、滇桂黔石漠化区、六盘山区、吕梁山区、大兴安岭南麓山区、燕山—太行山区、乌蒙山区、大别山区、秦巴山区等区域的连片特困地区和已明确实施特殊政策的西藏、四省藏区、新疆南疆三地州是扶贫攻坚主战场。

3.3 经济增长对农村贫困减少影响机制分析

关于经济增长促进贫困减少，理论界在这一方面的研究成果丰富。其中，影响颇大的是经济增长论。第二次世界大战后，经济增长促进贫困减少的论点是建立在"涓滴"效应假设之上的。"涓滴"效应指经济增长的利益将对穷人起"涓滴"作用，即便一个国家没有以减少贫困为目标的特定措施，经济增长也将促进国内经济活动，增加财政税收。经济增长是贫困减少的主要推动力量。经济增长对贫困减少的作用主要体现在以下两个方面：第一方面，一国经济增长为贫困人口提供了更多的就业和创收机会；第二方面，一国经济增长促进了政府财政收入的增加，政府因此更有能力去帮助贫困人口。第一方面是经济增长对贫困减少的直接效应，第二方面是经济增长对贫困减少的间接效应。但同时经济增长不是促进农村贫困减少的唯一因素件。下面笔者将分别分析。

3.3.1 经济增长促进了农村贫困的减少

不论是从世界发展的历史长河来看，还是对于任何一个社会来说，贫困都被看作是经济落后的结果之一。在过去一百多年中，全世界的贫困发生率随着经济发展呈现不断下降的趋势。正如 Bourguignon 和 Morrisson（2002）所表明，如果以 1985 年的"1 美元"为国际通用的贫困线，那么在 1879 年全世界人口的贫困发生率高达 75%，到了 1992 年贫困发生率下降到 24%，这一时期以 1985 年购买力平价美元衡量的世界人均收入增长了 4.5 倍。从 20 世纪 80 年代初期到 2001 年，正是世界经济高速增长的时期，与此相应出现的是贫困人口的急剧减少，"1 美元"标准的贫困人口减少近 4 亿（Banerjee, Benabou and Mookherjee，2006）。

从世界贫困人口的分布来看，90% 的贫困人口生活在发展中国家，而这些国家的总人口占世界人口的 70%；全世界 70% 的贫困人口生活在低收入国家，而这些国家的总人口只占世界人口的 40%。从跨国的统计数据来看，按照 "1 美元" 的贫困线衡量，全世界贫困人口的 80% 生活在非洲和亚洲国家，这些国家的人均收入都处在世界平均水平之下（Banerjee，Benabou and Mookherjee，2006）。一些跨国的研究结果还表明，持续的经济增长对于缓解贫困的作用非常明显。如果将贫困的变化分解为经济增长的因素和收入分配的因素，那么经济增长因素揭示了短期贫困变化的 70% 和长期贫困变化的 95%（Kraay，2005）。由此可见，对于绝大多数发展中国家来说，促进贫困减少的首要任务是发展经济。

中国的发展经验同样表明，经济发展是缓解贫困的第一大推动力。从农村的减贫情况来看，20 世纪 70 年代末和 80 年代前期是农民收入增长的黄金时期，也是农村贫困人口减少幅度最大的时期。1978 ~ 1985 年，7 年间农民实际纯收入增长 1.69 倍，平均年增长率高达 15.2%；这一期间农村贫困人口减少 1.25 亿，贫困发生率从 31% 下降到 15% 以下。从我国全国和分省的数据也可以看出我国经济发展对农村贫困发生率减少的相关性。如图 3 - 1 所示，我们可以清楚地看到 1995 ~ 2007 年我国人均 GDP 和全国农村贫困发生率的变化趋势。1995 ~ 2007 年，人均 GDP 呈现明显上升趋势，年均增长率为 13.3%。2007 年我国农村贫困发生率为 1.6%，1995 年的相应数值为 7.7%，由图 3 - 1 可见，下降趋势非常明显。1995 ~ 2007 年，我国农村贫困发生率年均下降 12.4%。在同一时期，我国绝对贫困人口数量也显著下降。2007 年，我国农村绝对贫困人口数量为 1428.25 万人，这比 1995 年的相应数值减少了 5213.95 万人。

表 3 - 1 显示了 1995 ~ 2007 年分省的农村贫困和经济增长情况。如表 3 - 1 所示，第一，1995 ~ 2007 年 27 个省域的经济增长明显，人均 GDP 上升显著，农村贫困人数的减少和年均减少率都较大。在全部 27 个省域中，农村贫困人口年均减少人数最多的省域是河南省，为 42.98 万人；农村贫困人口年均减少率最高的省域是山东省，为 27.14%；人均 GDP 年均增长率最大的省域是

（%）

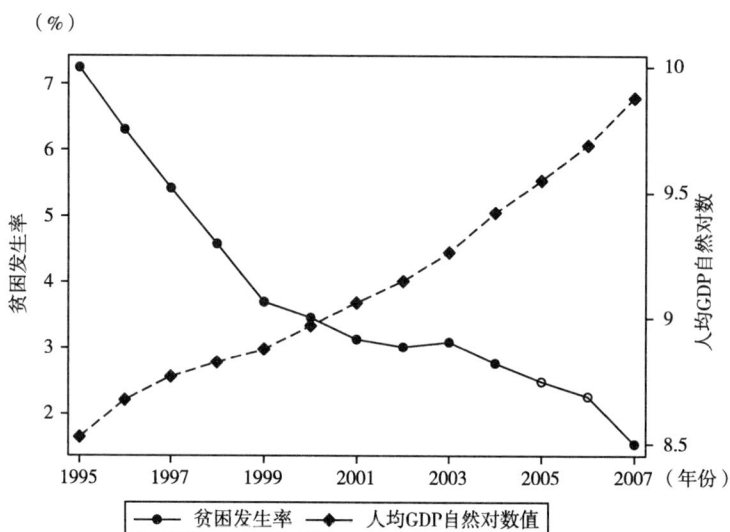

图 3 - 1 1995～2007 年中国人均 GDP 对数及贫困发生率的变动趋势

内蒙古，为17.22%。第二，1995～2007 年东部地区①人均 GDP 在东、中、西
三个地区中最高，农村贫困年均减少率平均值达到18.92%，为全国最高，其
次是中部地区②（为11.89%，最后是西部地区③为10.52%。第三，1995～
2007 年西部地区农村贫困年均减少人数平均为18.41 万人，中部地区为16.60
万人，东部地区为10.20 万人。

表 3 - 1　　　　　　　1995～2007 年分省的农村贫困和经济增长资料

省域	农村贫困人口数（万人）				人均 GDP（元）		
	1995 年	2007 年	年均减少人数	年均减少率	1995 年	2007 年	年均增长率
山西	222.5	29.97	16.04	15.39%	3515	16945	14.01%
内蒙古	150.6	40.15	9.20	10.43%	3772	25393	17.22%
吉林	123.4	23.98	8.29	12.76%	4402	19383	13.15%

① 东部地区包括河北、辽宁、江苏、浙江、福建、山东、广东、广西、海南9 省域。
② 中部地区包括山西、内蒙古、吉林、黑龙江、安徽、江西、河南、湖北、湖南9 省域。
③ 西部地区包括四川、贵州、云南、西藏、陕西、甘肃、宁夏、青海、新疆9 省域。

续表

省域	农村贫困人口数（万人）				人均GDP（元）		
	1995 年	2007 年	年均减少人数	年均减少率（%）	1995 年	2007 年	年均增长率（%）
黑龙江	151.1	33.08	9.84	11.89	5402	18478	10.79
安徽	212.9	67.39	12.13	9.14	3070	12045	12.07
江西	163.5	74.16	7.45	6.38	2896	12633	13.06
河南	586.4	70.68	42.98	16.17	3297	16012	14.08
湖北	246.5	74.51	14.33	9.49	3671.41	16206	13.17
湖南	405.1	54.81	29.19	15.35	3359	14492	12.96
辽宁	142.4	14.98	10.62	17.11	6880	25729	11.62
河北	218.3	45.86	14.37	12.19	4444	19877	13.30
山东	206.4	4.62	16.82	27.14	5758	27807	14.02
江苏	101.1	0	7.93	21.08	7319	33928	13.63
浙江	57.4	0	4.19	15.98	8149	37411	13.54
福建	34.2	0	2.73	22.94	6526	25908	12.18
广东	56.2	0	4.48	22.85	8129	33151	12.43
广西	407.6	71.75	27.99	13.48	3304	12555	11.77
海南	35.2	3.49	2.64	17.52	5063	14555	9.20
四川	557.5	113.06	37.04	12.45	3043	12893	12.79
贵州	606.3	215.38	32.58	8.26	1826	6915	11.74
云南	593.6	196.45	33.10	8.80	3083	10540	10.79
西藏	47.8	7.58	3.35	14.23	2358	12109	14.61
陕西	393.4	113.78	23.30	9.82	2965	14607	14.21
甘肃	352.6	125.3	18.94	8.26	2316	10346	13.28
青海	52	24.97	2.25	5.93	3513	14257	12.38
宁夏	69	8.9	5.01	15.69	3448	11847	10.83
新疆	159.4	38	10.12	11.26	4701	16999	11.31

资料来源：由国务院扶贫办数据，《新中国六十年统计资料汇编》整理而得。

　　本书将从两个方面来分析国民经济发展对农村贫困减少的促进作用：其一是经济发展对农村贫困减少的直接作用；其二是经济发展对农村贫困减少的间接作用。

3.3.1.1 经济发展为贫困人口提供了更多和更好的就业机会

一国经济的发展能提供更多的就业机会，贫困人口也因此有可能获得更多的工作机会和劳动报酬。如表 3－2 所示，改革开放以来我国国内生产总值由 1978 年的 3645.2 亿元上升到 2008 年 300670 亿元，增长了约 82.5 倍。同时我国就业人员由 1978 年的 40152 万人上升到 2008 年 77480 万人，增长了约 1.93 倍；我国乡村就业人员由 1978 年的 30638 万人上升到 2008 年 47270 万人，增长了约 1.54 倍。

表 3－2 全国就业人员和国内生产总值数据

年份	就业人员（单位：万人）	按城乡分（单位：万人）		国内生产总值（单位：亿元）	年份	就业人员（单位：万人）	按城乡分（单位：万人）		国内生产总值（单位：亿元）
		城镇	乡村				城镇	乡村	
1978	40152	9514	30638	3645.2	1994	67455	18653	48802	48197.9
1979	41024	9999	31025	4062.6	1995	68065	19040	49025	60793.7
1980	42361	10525	31836	4545.6	1996	68950	19922	49028	71176.6
1981	43725	11053	32672	4891.6	1997	69820	20781	49039	78973
1982	45295	11428	33867	5323.4	1998	70637	21616	49021	84402.3
1983	46436	11746	34690	5962.7	1999	71394	22412	48982	89677.1
1984	48197	12229	35968	7208.1	2000	72085	23151	48934	99214.6
1985	49873	12808	37065	9016	2001	73025	23940	49085	109655
1986	51282	13292	37990	10275.2	2002	73740	24780	48960	120333
1987	52783	13783	39000	12058.6	2003	74432	25639	48793	135823
1988	54334	14267	40067	15042.8	2004	75200	26476	48724	159878
1989	55329	14390	40939	16992.3	2005	75825	27331	48494	183217
1990	64749	17041	47708	18667.8	2006	76400	28310	48090	211924
1991	65491	17465	48026	21781.5	2007	76990	29350	47640	257306
1992	66152	17861	48291	26923.5	2008	77480	30210	47270	300670
1993	66808	18262	48546	35333.9					

资料来源：《中国统计年鉴 2009》。

这表明，我国经济的持续发展，促进了农村经济的增长和加快了农村劳动力的转移，从而带动了农民收入快速增加，这对于我国农村贫困的减少起到了重要的作用。

过去 30 多年中国农村贫困人口的大幅度减少得益于经济的高速增长。1978～2005 年，中国农村居民的人均纯收入实际增长 5.25 倍，年均增长率达到 6.6%。与此同时，按照生存贫困线，中国农村的贫困人口从 2.5 亿减少为 2365 万，平均每年减少近 900 万。从中国农村经济发展的不同阶段来看，20 世纪 70 年代末到 80 年代中期，是农民收入高速增长的时期，而这一期间农村贫困人口减少了 1.25 亿，贫困发生率下降了一半。在此期间绝大部分农村地区仍在沿用传统体制下的扶贫措施，重点是由地方政府给予极少部分的赤贫家庭以社会救济，救济范围和力度都是非常有限的。这一时期农村贫困人口的大幅度减少主要归功于农村经济的发展和农民收入的快速增长。

随着我国经济的快速发展，农村地区外出就业人数和劳动力收入逐步增加。以我国 592 个国家扶贫开发工作重点县（以下简称扶贫重点县）为例，2002～2010 年，除去受金融危机影响较重的 2008 年外，扶贫重点县在本乡以外就业实际超过 1 个月的劳动力逐年增长。如表 3-3 所示，2002 年扶贫重点县外出就业的劳动力占全部劳动力的 14.5%；到 2010 年，外出就业的劳动力占全部劳动力的 20.8%。按扶贫重点县有 1.1 亿乡村劳动力推算，外出就业的劳动力从 2002 年 1504 万人增加到 2010 年的 2350 万人，年均增长 5.7%。

表 3-3　　　　　　　　扶贫重点县农村劳动力及外出情况

年份	乡村从业人员（万人）	外出就业比重（%）	外出从业人员（万人）
2002	10354	14.5	1503.5
2003	10484.8	14.4	1505.4
2004	10633.5	16.6	1768.4
2005	10784.9	17.8	1918.3
2006	10869.7	19.8	2150
2007	11001.7	20.5	2255.2
2008	11147.3	19.7	2196.6
2009	11147.3	20.5	2285.6
2010	11300	20.8	2350.4

资料来源：《中国农村贫困监测报告 2011》，中国统计出版社。

与此同时，农村地区外出就业劳动力收入逐年增加。如表 3 - 4 所示，2010 年扶贫重点县每个外出劳动力在外工作时间 7.8 个月，月工资为 1271 元，与 2002 年相比，工作时间增加了 0.5 个月，月收入提高了 902 元。因此，每个外出劳动力的收入由 2002 年的 2695 元提高到 2010 年的 9952 元。

表 3 - 4　　　　　　全国和扶贫重点县外出劳动力的从业时间和月均收入

年份	全国农村		扶贫重点县	
	从业时间 （月/人）	月均收入 （元/月/人）	从业时间 （月/人）	月均收入 （元/月/人）
2002	8	644.1	7.3	392.2
2003	8.1	692.9	7.4	372.3
2004	8.2	777.7	7.7	518.8
2005	8.2	861.3	8	613.2
2006	8.3	946.3	7.9	728.7
2007	8.5	1060.4	7.8	807.9
2008	8.5	1204.5	7.8	944.7
2009	8.9	1343.9	7.8	1073
2010	8.7	1690	7.8	1270.7

资料来源：《中国农村贫困监测报告 2011》，中国统计出版社。

3.3.1.2　经济发展带来了政府财政收入的增加，从而使得政府更有能力去帮助贫困人口

随着我国经济发展，我国政府财政收入迅速增加，从而使政府更有能力去帮助贫困人口。如表 3 - 5 所示，改革开放以来我国国内生产总值由 1978 年的 3645.2 亿元上升到 2008 年 300670 亿元，增长了约 82.5 倍。同期我国财政收入由 1978 年的 1132.26 亿元上升到 2008 年 61330.35 亿元，增长了约 54.2 倍。

表 3 - 5　　　　　　　全国财政收入和国内生产总值数据　　　　　单位：亿元

年份	国内生产总值	财政收入	年份	国内生产总值	财政收入
1978	3645.2	1132.26	1994	48197.9	5218.1
1979	4062.6	1146.38	1995	60793.7	6242.2
1980	4545.6	1159.93	1996	71176.6	7407.99
1981	4891.6	1175.79	1997	78973	8651.14
1982	5323.4	1212.33	1998	84402.3	9875.95
1983	5962.7	1366.95	1999	89677.1	11444.08
1984	7208.1	1642.86	2000	99214.6	13395.23
1985	9016	2004.82	2001	109655.2	16386.04
1986	10275.2	2122.01	2002	120332.7	18903.64
1987	12058.6	2199.35	2003	135822.8	21715.25
1988	15042.8	2357.24	2004	159878.3	26396.47
1989	16992.3	2664.9	2005	183217.4	31649.29
1990	18667.8	2937.1	2006	211923.5	38760.2
1991	21781.5	3149.48	2007	257305.6	51321.78
1992	26923.5	3483.37	2008	300670	61330.35
1993	35333.9	4348.95			

资料来源：《中国统计年鉴2009》。

随着我国政府财政收入快速增加，我国的扶贫投资总额迅速增加。以我国 592 个扶贫重点县为例，2010 年扶贫重点县得到的与扶贫相关的资金达 606.2 亿元，无论是资金规模还是增长速度，均创历史最高水平。如表 3 - 6 所示，2010 年中央财政扶贫资金为 119.9 元，以工代赈资金 40.4 亿元，中央扶贫贴息贷款累计发放额达 116.1 亿元，中央专项退耕还林还草工程补助为 52.1 亿元，中央拨付的低保资金累计发放额达 91.1 亿元，省级财政安排的扶贫资金为 25.4 亿元。

表 3 - 6　　　　　国家扶贫重点县扶贫投资总额和县平均资金

指标名称	2002 年	2010 年	年均递增（%）
一、扶贫资金总额（亿元）	250.2	606.2	11.7
1. 中央扶贫贴息贷款累计发放额	102.5	116.2	1.6

指标名称	2002 年	2010 年	年均递增（%）
2. 中央财政扶贫资金	35.8	119.9	16.3
3. 以工代赈	39.9	40.4	0.2
4. 中央专项退耕还林还草工程补助	22.6	52.1	11
5. 中央拨付的低保资金	0	91.1	
6. 省级财政安排的扶贫资金	9.9	25.4	12.5
7. 利用外资（实际投资额）	17.6	20.1	1.7
8. 其他资金	22	141	26.1
二、平均每个县得到的扶贫资金（万元）	4227	10293	11.7

资料来源：《中国农村贫困监测报告 2011》，中国统计出版社。

与 2002 年相比，扶贫资金总额增加了 355.9 亿元，年均增加了 11.7%。其中，中央财政扶贫资金增加了 84.1 亿元，年均增加了 16.3%；以工代赈资金增加了 0.6 亿元，年均增加了 0.2%；中央扶贫贴息贷款累计发放额增加了 13.6 亿元，年均增加了 0.2%；中央专项退耕还林还草工程补助增加了 29.5 亿元，年均增加了 11%；省级财政安排的扶贫资金增加了 15.5 亿元，年均增加了 12.5%。

3.3.2 经济增长不是促进农村贫困减少的唯一因素

经济发展并不是促进贫困减少的唯一因素，还需要考虑收入分配的平等程度。即使仅就经济增长而言，也只有当贫困人口能够分享到经济增长的成果时，经济增长才具有减少贫困的效果。中国农村的扶贫经验表明，由于贫困人口的主要收入来源于农业，因此农村居民从农业中获得收入的增加多少直接会影响到农村贫困人口的变动。农民农业收入的增加主要取决于两个因素，一是人均农产品产量的提高，二是农产品相对价格的提高。在 20 世纪 80 年代中期以前，农民收入的增长主要表现为其农业收入的提高，而后者又得益于农产品产量提高和农产品相对价格提高的双重作用。因此，这一时期的农村经济增长可以说是一种有利于贫困人口的增长方式。

到了 20 世纪 90 年代后期，即使各级政府加大了扶贫开发的力度，但是扶贫的效果并非所愿，一个重要原因是这一时期的农民从农业生产中获得的收入出现了下降和低迷徘徊趋势。从 1997 年开始，农村居民的人均农业收入开始下降，一直持续到 2000 年，按可变价格衡量，下降幅度达到 17%。2000 ~ 2003 年，农业收入处于低迷徘徊阶段，3 年总的增长率仅为 6%。2003 年人均农业收入水平仍比 1997 年低 10%。虽然 1997 ~ 2003 年，农民人均纯收入增加了 5%，但是人均农业收入却降低了 10%。由此可见，这一时期的农民收入增长完全依赖于非农业收入的增长，农业收入增长并没有惠及贫困和低收入人群。

一个社会中往往存在这样的贫困群体，他们或者由于缺少劳动能力不能参与经济活动，或者受到自然灾害和突发事件的冲击造成生计困难。对于他们来说，最为迫切的不是就业机会，也不是高收入的工作，而是最基本的收入保障，以维持生存。从这个意义上来说，为社会成员提供必要的公共服务和社会保障是从根本上消除贫困的必要条件之一。

事实上，贫困的形成机理是一个复杂、动态的过程。目前，理论界关于贫困形成机理的研究还没形成完整的理论体系。经济因素、个体因素、社会因素、地理环境因素和脆弱性因素将会直接导致贫困的形成。制度因素和文化因素通过直接因素的作用间接导致贫困的形成。制度因素通过经济因素、个体因素和社会因素导致贫困。文化因素通过经济因素、个体因素和社会因素导致贫困。在导致贫困形成的直接因素中，各要素也存在着相互作用。正因为贫困的形成是一个复杂、动态的过程，所以在促进贫困减少的措施也绝不应该只从经济增长入手。

以我国反贫困实践为例，我国政府清醒地看到市场并不能自动惠及所有人群，单纯的经济增长和普惠性政策措施并不能解决所有的贫困问题。因此，我国组织实施了针对贫困人口的专项扶贫开发计划，走出了一条符合中国国情的扶贫开发道路。其核心就是政府主导、社会参与、自力更生、开发扶贫、全面发展。政府主导是指坚持把扶贫开发纳入各级政府重要议事日程。社会参与是指发挥社会主义制度的优势，动员和组织包括东部沿海省市、各级党政机关在内的各方面社会力量，参与贫困地区的开发建设。自力更生是指鼓励和支持贫困群众在政府和社会各界的帮助下，克服"等、靠、要"思想，艰苦奋斗，依靠自身的努力，改变落后面貌。开发扶贫是指坚持开发式扶贫的方针，努力改善基本生产生活条件，发展经济，增加收入，提高贫困地区和贫困人口的自我积累和自我发展能力。全面发展是指按照科学发展观的要求，全方位治理贫困，把自然资源开发和人力资源开发结合起来，把扶贫开发与生态环境保护建设结合起来。

3.4 经济增长与农村贫困减少的实证分析

3.4.1 文献回顾

一些学者通过实证研究分析贫困减少和经济增长的关系。Ahluwalia 等（1979）和 Fields（1980）指出，很多国家的经济增长促进了贫困的减少。与此相反，20 世纪 80 年代，一些国家的经济负增长伴随着贫困人口的增加。Fields（1989）也认为，一个国家的经济增长越快，那么这个国家的贫困人口减少得越快。

Timothy Besley 和 Robin Burgess（2004）认为经济增长有效促进了贫困人口的减少。Deininger 和 Squire（1996）的研究认为，1985 ~ 1995 年，发展中国家的人均 GDP 增长了 26%，而在同一时期内世界的基尼系数则每年只变化了 0.28 个百分点。Bhalla（2001）认为经济增长能有效促进贫困的减少。当一个国家创造了一个利于经济增长的环境，那么本国的贫困人口就会减少。Dollar 和 Kraay（2002）指出处于社会最贫穷的 1/5 人口的平均收入随着社会总人口平均收入存在着一一对应的关系；他们运用 92 个国家在过去 40 年的数据资料发现，开放的贸易或其他宏观政策（如良好的法治、低增长的刺激下、政府消费、宏观经济稳定、金融发展）有利于穷人收入的提高。国内学者汪三贵（2008）等指出中国经济的快速增长，为缓解农村贫困提供了坚实的经济基础，为贫困人口的大幅减少做出了重大贡献。

3.4.2 数据来源及变量选择

本书所用贫困人口数据来自国务院扶贫办公室的全国和分省的数据, 其他数据均来自历年的《中国统计年鉴》《新中国六十年统计资料汇编》《新中国 60 年农业发展统计汇编》以及各省市《统计年鉴》。实证样本中包含全国 27 个省域。由于与前面年份可比的分省贫困数据只能补充到 2007 年, 2008 年国家统计局将贫困线和低收入线合并, 停止公布按原来标准计算的贫困人口数。因此 2008 ~ 2010 年的贫困人口与以前年份是不可比的, 故本书以 1995 ~ 2007 年的数据进行分析。

3.4.3 数理模型的建立

已有的研究表明, 经济增长是减贫的主要推动力量, 经济增长对减少贫困的作用主要表现为两个方面: 第一方面, 经济发展为贫困人口提供了更多和更好的就业和创收机会; 第二方面, 经济增长带来了政府财政收入的增加, 使政府更有能力去帮助贫困人口。第一方面是经济增长对减贫的直接效应, 而第二方面是经济增长对减贫的间接效应 (汪三贵, 2008)。本书将采用经济增长对贫困减少的效应进行实证分析。经济增长对减少贫困的作用可用以下回归方程来表示:

$$Ln(P_{it}) = \alpha_i + \beta_i Ln(X_{it}) + \gamma_i + \varepsilon_{it} \qquad (3-1)$$

其中, i 代表省份, t 表示年份; α_i 为省份的固定效应, 剔除了不随时间而变的省份与省份之间观测不到的变量影响; γ_i 为分阶段趋势变量, 根据我国扶贫政策变化, 把 1995 ~ 2000 年设为 1, 2001 ~ 2007 年设为 2; X_{it} 为人均 GDP; P_{it} 为农村贫困发生率。系数 β_i 表示区域内经济增长对贫困减少的效应, 如果经济增长能促使农村贫困人口减少, 系数 β_i 应为负数。由于贫困发生率与人均 GDP 均取对数, 此系数就是贫困发生率对经济增长的弹性值, 即人均 GDP 每增长 1%, 贫困发生率下降的百分数。β_i 的绝对值越大, 说明经济增长对减少贫困越有效。本书利用 1995 ~ 2007 年 27 个省域的面板数据进行了全国和分地区[①]的实证分析。

3.5　实证结果及分析

如表 3 - 7 所示，首先，全国平均及分地区数据所估计的农村贫困发生率对人均 GDP 的弹性均为负值，并且在统计上都非常显著。这说明人均 GDP 增加能有效地减少农村贫困。其次，贫困发生率对全国经济增长的弹性为 - 1.2，这一数字的经济含义是人均 GDP 每增长 1%，贫困发生率下降 1.2%。最后，贫困发生率对东部、中部和西部地区经济增长的弹性分别为 - 1.589、- 0.901 和 - 1.195，东部地区的弹性绝对值最大。这说明，经济增长对农村贫困的减少效应在东部地区最大，其次是西部地区。

表 3 - 7　全国的估计结果和分区域的估计结果

	东部	中部	西部	全国
lpgdp	- 1.791 ***	- 0.913 ***	- 1.276 ***	- 1.261 ***
	(- 0.297)	(- 0.148)	(- 0.067)	(- 0.138)
γ	0.168	0.011	0.064	0.052
	(- 0.185)	(- 0.095)	(- 0.054)	(- 0.081)
_cons	8.797 **	3.294 **	6.818 ***	5.812 ***
	(- 2.072)	(- 0.974)	(- 0.421)	(- 0.934)
N	112	117	117	346
R-sq	0.566	0.512	0.678	0.546

Standard errors in parentheses

$* \ p < 0.05$, $** \ p < 0.01$, $*** \ p < 0.001$

本书利用省级面板数据进行了 4 个回归估计，结果如表 3 - 7 所示。首先，全国平均及分地区数据所估计的贫困发生率对人均 GDP 的弹性均为负值，

[①]　东部地区包括河北、辽宁、江苏、浙江、福建、山东、广东、广西、海南 9 省域；中部地区包括山西、内蒙古、吉林、黑龙江、安徽、江西、河南、湖北、湖南 9 省域；西部地区包括四川、贵州、云南、西藏、陕西、甘肃、宁夏、青海、新疆 9 省域。

并且在统计上都非常显著，从而可以验证非参数分析结果，即人均 GDP 增加能有效地减少贫困。这一结果也与胡鞍钢（2006）以及世界银行（2001）的研究结论一致。其次，贫困发生率对全国经济增长的弹性为 - 1.09，t 值为 - 19.11，这一数字的经济含义是人均 GDP 每增长 1%，贫困发生率下降 1.09%，与其他学者的研究结果相比，这个弹性的绝对值要低一些，说明进入 21 世纪后中国经济增长的减贫效应在下降。最后，不同区域贫困发生率对经济增长的弹性存在一定的差异。

虽然我国经济增长对农村贫困减少有促进作用，但这种效应是在不断减小的。如表 3 - 8 所示，1978 ~ 1985 年，我国人均 GDP 增长率为 8.3%，官方贫困人口年均减少数 1786 万人；1985 ~ 1990 年，人均 GDP 增长率为 6.2%，官方贫困人口年均减少数 800 万人；1990 ~ 1997 年，人均 GDP 增长率为 9.9%，官方贫困人口年均减少数 500 万人；1997 ~ 2006 年，人均 GDP 增长率为 7.4%，官方贫困人口年均减少数 281 万人。由此可见，经济增长对我国农村贫困减少的作用是在下降的。

表 3 - 8　　　　　中国农村贫困人口年均减少数与人均 GDP 增长率比较

年　　份	1978 ~ 1985	1985 ~ 1990	1990 ~ 1997	1997 ~ 2006	1978 ~ 2006
官方贫困人口年均减少数（万人）	1786	800	500	281	846
人均 GDP 增长率（%）	8.3	6.2	9.9	7.4	8.1

资料来源：《中国农村住户调查年鉴 2007》，北京：中国统计出版社，2007 年，收入按不变价格计算。

3.6　本章小结

本章首先梳理新中国成立后我国农村反贫困历程，然后分析我国经济增长对农村贫困减少影响机制，经济发展对减缓贫困的作用主要表现为两个方面：第一，经济发展为贫困人口提供了更多和更好的就业机；第二，经济发展带来了政府财政收入的增加，从而使政府更有能力去帮助贫困人口。最后对经济增长与农村贫困减少的关系进行实证分析，实证结果显示，贫困发生率对全国经济增长的弹性为 -1.261，这一数字的经济含义是人均 GDP 每增长 1%，贫困发生率下降 1.261%。

第4章 产业发展与农村贫困减少

4.1 引　言

一国经济增长有助于一国农村贫困的减少，这是很多学者的观点，也是本书第3章的观点。经济发展实践表明，一国的经济增长往往伴随着经济结构的变化，而经济结构的转变也促进着一国经济的增长。经济结构的转变是后发国家加快经济发展的本质要求（Chenery et al. , 1989）。

随着学者们对经济增长与贫困减少研究的深入，一些学者从产业构成的角度研究经济增长的对贫困减少的作用。国外的研究如 Ravallion 和 Datt（1996）通过对 1951~1991 年印度贫困变化和三大产业产值增长率的分析，发现印度的农业和服务业的发展对于贫困减少的贡献大于第二产业。Haider A. Khan（1999）研究发现，农业、服务业和一些制造行业的增长可以促进非洲贫困黑人人口的减少。只有同时促进经济增长和贫困人口的人力资本存量的长期政策才能有效减少贫困。Cristobal Kay（2009）从产业协同发展的角度分析产业增长对农村贫困减少的不同影响，认为农业和工业的协调发展才能最大化地促进农村发展，消除贫困。Norman V. Loayza 和 Claudio Raddatz（2010）通过推导产业劳动密集程度与工资增长关系的数理模型，运用了 55 个发展中国家的相关数据实证分析了不同产业增长对贫困减少的不同影响。他们发现，不仅是经济增长的规模，经济增长的产业结构同样也对贫困减少起着重要作用，尤其是雇佣非熟练劳动程度高的产业对贫困减少作用大。Channing Arndt 和 Andres Garcia 等（2012）认为，尽管经济增长通常会有减少收入贫困的效应，但这种效应在不同国家有明显的差异。这种差异的典型解释为包括增长与贫困测量差异和经济增长中经济结构的不同。他们以两个的经济增长程度类似但经济结构不同的国家——莫桑比克和越南进行对比，研究发现越南的经济结构更有利于贫困的减少。

本章首先讨论我国产业结构和就业结构变动及其特征，这一部分的讨论将为本章的后面部分和第 5 章的研究打下基础；其次对我国产业发展与农村贫困减少进行实证分析；最后做出本章总结。

4.2　我国产业结构与就业结构的变动

这一部分，笔者先分析产业结构与就业结构变动相关理论，然后分别讨论我国产业结构和就业结构变动及其特征。

4.2.1　产业结构与就业结构变动相关理论

产业结构与就业结构变动的相关理论主要有：配第—克拉克定理、库兹涅茨法则和钱纳里—塞尔奎因国际标准结构，下面本书将分别阐述。

4.2.1.1　配第—克拉克定理

配第—克拉克定理是 1940 年，由英国经济学家科林·克拉克在威廉·配第的关于收入与劳动力流动之间关系学说研究成果之上完成，计量和比较了不同收入水平下，就业人口在三次产业中分布结构的变动趋势后得出的。克拉克认为他的发现只是印证了配第在 1691 年提出的观点而已，故后人把克拉克的发现称为配第—克拉克定理。配第—克拉克定理主要内容为：不同产业间相对收入的差异，会促使劳动力向能获得更高收入的部门移动，随着人均国民收入水平的提高，劳动力首先由第一产业向第二产业移动；当人均国民收入水平进一步提高时，劳动力便向第三产业移动。结果，劳动力在产业间的分布呈现出第一产业人数减少、第二和第三产业人数增加的格局。

4.2.1.2 库兹涅茨法则

美国经济学家库兹涅茨（Simon. Kuznets）在配第—克拉克研究的基础上，通过对各国国民收入和劳动力在产业空间分布结构的变化进行统计分析，得到了新的认识，因而被后人称为库兹涅茨法则。库兹涅茨认为：第一，随着时间的推移，农业部门的国民收入在整个国民收入的比重和农业劳动力在全部劳动力中的比重处于不断下降之中。第二，工业部门国民收入在整个国民收入中的比重大体上是上升的，但是，工业部门劳动力在全部劳动力中的比重则大体不变或略有上升。第三，服务部门的劳动力在全部劳动力中的比重和服务部门的国民收入在整个国民收入的比重基本上都是上升的。然而，服务部门在整个国民收入中的比重却不一定与劳动力的比重一样同步上升，综合地看，大体不变或略有上升。

库兹涅茨认为引起产业结构发生变化的原因是各产业部门在经济发展中所出现的相对国民收入的差异。所谓产业的相对国民收入等于国民收入的相对比重（某部门国民收入在全部国民收入中的比重）与劳动力的相对比重（即某部门劳动力在全部劳动力中的比重）之比。他指出，对于大多数国家而言，第一产业的相对国民收入都低于1，第二产业和第三产业的相对国民收入大于1. 第二产业的国民收入相对比重呈普遍上升趋势，因而劳动力的相对比重的变化则因不同国家工业化水平的不同而存在差异，但是综合起来看变化不大。一般情况下，第三产业的相对国民收入呈下降趋势，但其劳动力的相对比重却是上升的。

4.2.1.3 钱纳里—塞尔奎因国际标准结构

美国经济学家钱纳里（Chenery. H. B）和其合作者塞尔奎因（Syrquin. M）等人在吸取了库兹涅茨的研究成果的基础上，进一步研究发展中国家的低收入人口。1975 年，钱纳里等人出版了《发展的型式（1950～1970 年）》一书。在对世界上 101 个国家 1950～1970 年不同收入水平的劳动者就业情况资料进行统计分析，他们发现，就业结构随人均国民生产总值变化而变化。他们指出，这些国家的初级产业（包括农业、矿业）产值占其国民生产总值的比例和劳动力就业比例，都随着人均收入水平的增加而不断减少，而工业和服务业的产值比例和就业比例却不断增加。

钱纳里和塞尔奎因通过研究发展中国家和发达国家的发展历史和趋势，发现发展中国家与发达国家的产业结构转换过程存在很大差异。发达国家在其工业化进程中，随着工农业产值比重变化，农业就业人员向工业部门转移，就业人员的转移与产值的变换基本上是同步进行的。然而在发展中国家，产值结构的转换往往领先于劳动力就业结构的转换。这主要表现为：与农业部门相比，现代工业部门在国民生产总值中占据了较高的比重份额，但其吸纳的就业人员的比重却明显偏低。之所以出现这种现象，一是由于发展中国家的现代工业部门倾向使用技术密集型生产方式，其创造就业机会的能力低于创造产值的能力。二是由于发展中国家工业产品价格偏高而农业产业产品价格偏低，从而导致工业部门产值比重较高和农业产业产值比重较低。所以钱纳里等人指出，对于人口众多的发展中国家来说，其就业结构的转换在经济发展初期是缓慢的，且落后于产值结构的转换。

4.2.2 我国产业结构和就业结构变动及其特征

改革开放以来，随着我国经济迅速增长，我国的产业结构和就业结构发生了较大变动。下面本章将分别分析这两方面的内容。

4.2.2.1 我国产业结构变动及其特征

（1）改革开放以来我国产业结构的变动。

改革开放以来，我国经济快速发展，产业结构发生了很大变化。1949年以来我国产业结构中存在的一些问题如比例关系不协调、供求不平衡等，得到基本解决。1978年以来，我国产业结构的变化大致可以分为以下几个阶段。

第一个阶段，1978～1984年，是我国经济发展的恢复阶段，农村改革全面展开的时期。

1978年，我国实行改革开放的政策。这个时期我国产业结构变动的特点是：第一产业占国民生产总值的比例快速上升。1984年，我国第一产业占国民生产总值的比例为 32%，比 1978 年的 28% 提高了 4%。同期，我国第二产业占国民生产总值的比重下降了 5%，第三产业占国民生产总值的比重上升了1%。这种情况的出现是由于我国农村和农业改革使农业生产力得以解放，广大农民的生产经济性得以调动，第一产业得到了较大发展。同时，投入第一产业的资源增加，我国工农业比例不协调的问题得到了改善。在我国工业化的进程中，第一产业占国民生产总值的比重迅速提高，这是我国特有的现象，这在世界上是少有的。但是，这只是矫正第一产业发展不足的偏差而出现的暂时现象。1978～1984 年，按当年价格计算，第一产业增加值的年均增长率为 14.5%，第二产业和第三产业增加值的年均增长率分别为 10% 和 12.7%。但由于这种结构变动是暂时性的，1985 年后，第一产业的比重就逐步减少。在这段时期，纺织轻工业发展较快，满足了市场需求，但重工业处于调整之中。因此，我国第二产业的比重下降较多。

第二阶段，1985～1992 年，是我国第二、第三产业较快发展的时期。

在这一段时期，我国第三产业在国民经济中的比重，从 1985 年的 28.7%上升到 1992 年的 34.8%；我国第二产业在国民经济中的比重，从 1985 年的42.9% 上升到 1992 年的 43.4%。同时，我国第一产业在国民经济中的比重，从 1985 年的 28.4% 下降到 1992 年的 21.8%。在这段时期，我国劳动力大量转移到第三产业，推动了第三产业的发展。从我国经济发展历程上看，这个阶段第三产业的发展带有补偿发展不足的特征。20 世纪 80 年代中期，我国国民生产总值比 1980 年翻了一番，农业和消费品工业有了很大发展，人民生活温饱问题基本得以解决。但这一时期就业的压力和第三产业发展不足的矛盾日益突出，社会资源的配置逐渐向第三产业倾斜，第三产业有了很大发展。在这个时期，第三产业的就业人数比重由 1985 年的 16.8% 上升到 1992 年的19.84%；第二产业的就业人数比重由 1985 年的 20.8% 下降到 1992 年的21.7%。在这一阶段，第三产业日益成为吸纳劳动力就业的主要领域。到1994 年，我国第三产业的就业总人数已超过第二产业的就业总人数，在整个国民经济中所吸纳的劳动力数量仅次于第一产业。

第三阶段，1993～2002 年，是我国重化工业主导的时期。

在这一阶段，我国的能源、通信、交通等产业的基础设施建设快速发展，到 1996 年，第一产业在国民经济中的比重跌至 19.7%，第三产业在国民经济中的比重跌至 32.8%，第二产业在国民经济中的比重上升到 47.5%，这个阶段，我国经济增长具有重化工业为主导的特征，能源、通信、交通等产业成为国民经济增长的主要动力，这初步解决了长期制约我国经济发展的"瓶颈"问题。能源、通信、交通等产业的发展进一步带动了电力、运输车辆、石油化工、建筑材料、机械电子、有色金属和钢铁等产品的需求。在这一阶段，我国 20 世纪 80 年代以来第二产业内部重化工业增长一直低于轻工业增长的现象得以改变，整个第二产业的发展大大加快。

第四阶段，从 2003 年至今，是我国第二、第三产业进一步发展的时期。

在这一段时期，我国第三产业在国民经济中的比重，由 2003 年的 41.2% 上升到 2009 年的 43.4%，这也是改革开放以来第三产业在国民经济中比重的最大值；我国第二产业在国民经济中的比重，从 2003 年的 46% 上升到 2009 年的 46.3%，并在 2006 年达到改革开放以来的最大值 47.9%。同时，我国第一产业在国民经济中的比重，从 2003 年的 12.8% 进一步下降到 2009 年的 10.3%。这一阶段是我国第二、第三产业进一步发展的时期。2001 年，我国成功加入世贸组织。这是一件在我国经济发展中具有历史意义的事件。我国的加工制造业、服务业得到了较大发展。在这一阶段，我国第一产业在国民经济中的比重降低，而第二、第三产业在国民经济中的比重进一步提高，我国的产业结构进一步得到优化。

（2）改革开放以来我国产业结构的变动的特点。

改革开放以来，我国产业结构的变动呈现以下几个特点：

第一，我国产业结构变动基本符合经济发展规律。

1978～2009 年的 32 年间，中国经济发展经历了显著的产业结构变化。具体而言，第一产业在整个国内生产总值中的比重不断下降，从 1978 年的 28.2% 减少到了 2009 年的 10.3%；第二产业在整个国内生产总值中的比重比较稳定，1978 年为 47.9%，2009 年为 46.3%；第三产业在整个国内生产总值中的比重也呈现出平稳上升的态势，从 1978 年的 23.9% 上升到了 2009 年的 45.4%。总体来看，中国经济增长过程中产业结构 30 多年以来的演进，呈现出明显的"2 > 3 > 1"的特征。

根据配第—克拉克定理，随着一国经济发展，第一产业增加值所占国内生产总值的比重不断下降，第二、第三产业增加值所占国内生产总值的比重不断上升。改革开放后，我国三次产业的产值比例由 1978 年的 28.2∶47.9∶23.9 调整为 2008 年的 10.3∶46.3∶43.4，三次产业由"二、一、三"的关系成功实现了向"二、三、一"的转变。虽然我国产业结构仍然存在着第二产业所占比重过大、第三产业发展相对不足的问题，但总体而言，改革开放以来我国产业结构演变基本符合经济发展规律。

第二，我国第二产业在国民经济中所占比重稳固增加，呈现重化工业加速发展的特征。

改革开放以来，我国第二产业对国内生产总值的贡献率一直维持在 40% 以上，近些年来又呈现上升趋势。20 世纪 90 年代后期，我国为了应对亚洲经济危机，实施了积极的财政政策，增加了基础部门的固定资产投资，第二产业所占国内生产总值的比重进一步上升。第二产业（尤其是工业）成为拉动我国经济增长的主导力量，第三产业对经济增长的拉动作用还相对有限。我国产业结构的变动呈现重化工业加速发展的特征。

第三，我国各产业贡献率①发生明显变动，第二、第三产业贡献率明显增大，第一产业贡献率降低。

改革开放以来，我国各产业贡献率发生明显变动，第二、第三产业贡献率明显增大。如表 4 - 1 所示，我国第一产业的产业贡献率由 1990 年的 41.7% 下降到 2009 年的 4.5%，第二产业的产业贡献率由 1990 年的 417% 上升到 2009 年的 52.5%，第三产业的产业贡献率由 1990 年的 17.3% 上升到 2009 年的 42.9%。第一产业的产业贡献率明显降低，第二、第三产业贡献率明显增大。我国三次产业对国内生产总值增长的拉动变动趋势也发生了明显变化。

---

① 贡献率是分析经济效益的一个指标。它是指有效或有用成果数量与资源消耗及占用量之比，即产出量与投入量之比。三次产业贡献率为第一、第二、第三产业增量与国内生产总值增量之比，即各产业的贡献率。

表4-1   三次产业贡献率   单位:%

年份	国内生产总值	第一产业	第二产业	第三产业	年份	国内生产总值	第一产业	第二产业	第三产业
1990	100	41.7	41	17.3	2000	100	4.4	60.8	34.8
1991	100	7.1	62.8	30.1	2001	100	5.1	46.7	48.2
1992	100	8.4	64.5	27.1	2002	100	4.6	49.7	45.7
1993	100	7.9	65.5	26.6	2003	100	3.4	58.5	38.1
1994	100	6.6	67.9	25.5	2004	100	7.8	52.2	40
1995	100	9.1	64.3	26.6	2005	100	5.6	51.1	43.3
1996	100	9.6	62.9	27.5	2006	100	4.8	50	45.2
1997	100	6.8	59.7	33.5	2007	100	3	50.7	46.3
1998	100	7.6	60.9	31.5	2008	100	5.7	49.3	45
1999	100	6	57.8	36.2	2009	100	4.5	52.5	42.9

资料来源:《中国统计年鉴2010》。

如表4-2显示,我国第一产业对国内生产总值增长的拉动[①]由1990年的1.6%下降到2009年的0.4%;第二产业对国内生产总值增长的拉动由1990年的1.6%上升到2009年的4.8%;第三产业对国内生产总值增长的拉动由1990年的0.6%上升到2009年的3.9%。这表明,我国第二、第三产业的发展在我国经济增长的作用在加强,这符合现代经济发展的一般规律。

表4-2   三次产业对国内生产总值增长的拉动   单位:%

年份	国内生产总值	第一产业	第二产业	第三产业	年份	国内生产总值	第一产业	第二产业	第三产业
1990	3.8	1.6	1.6	0.6	2000	8.4	0.4	5.1	2.9
1991	9.2	0.6	5.8	2.8	2001	8.3	0.4	3.9	4
1992	14.2	1.2	9.2	3.8	2002	9.1	0.4	4.5	4.2
1993	14	1.1	9.2	3.7	2003	10	0.3	5.9	3.8
1994	13.1	0.9	8.9	3.3	2004	10.1	0.8	5.3	4
1995	10.9	1	7	2.9	2005	11.3	0.6	5.8	4.9
1996	10	1	6.3	2.7	2006	12.7	0.6	6.3	5.7
1997	9.3	0.6	5.6	3.1	2007	14.2	0.4	7.2	6.6
1998	7.6	0.6	4.8	2.4	2008	9.6	0.6	4.7	4.3
1999	7.6	0.4	4.4	2.8	2009	9.1	0.4	4.8	3.9

资料来源:《中国统计年鉴2010》。

---

① 三次产业拉动指GDP增长速度与各产业贡献率之乘积。

④ 我国产业体系由传统产业部门向现代产业部门演进，发展模式由内向型经济向外向型经济转变。

改革开放以来，我国产业结构演变逐渐趋向高度化。机械、汽车制造、钢铁等加工产业技术升级步伐明显加快，电子和通信等新兴产业发展迅速。金融业、证券业和保险业等产业国际合作进一步加强。产业结构正由劳动密集型逐步向资本密集型、技术密集型演进；从采掘业向原料工业、初加工工业和高加工工业逐步转变。我国的产业体系逐步由低技术、低加工的传统产业体系向高技术、高加工的现代产业体系演进。自20世纪90年代以来，随着经济全球一体化不断深入，国际分工更加细化，我国对外贸易获得了快速发展，2009年我国对外贸易进出口总值跃居世界第二。我国发展模式逐步由内向型经济向外向型经济转变，融入全球经济之中。

4.2.2.2　我国就业结构变动及其特征

（1）改革开放以来我国就业结构的变动。

改革开放以来，第一产业就业比重经历了持续下降的演进，由70.5%减少到38.1%；第二产业就业比重则经历了波动性上升，由17.3%提高到27.8%；相比之下，第三产业就业比重几乎直线上升，由12.2%增长到34.1%，增幅达到了2.8倍（见表4-3）。

表4-3　　　　三大产业产值结构与就业结构变化（1978~2009年）　　　　单位：%

年份	第一产业		第二产业		第三产业		年份	第一产业		第二产业		第三产业	
	GDP比重	就业比重	GDP比重	就业比重	GDP比重	就业比重		GDP比重	就业比重	GDP比重	就业比重	GDP比重	就业比重
1978	28.2	70.5	47.9	17.3	23.9	12.2	1985	28.4	62.4	42.9	20.8	28.7	16.8
1979	31.3	69.8	47.1	17.6	21.6	12.6	1986	27.2	60.9	43.7	21.9	29.1	17.2
1980	30.2	68.7	48.2	18.2	21.6	13.1	1987	26.8	60.0	43.6	22.2	29.6	17.8
1981	31.9	68.1	46.1	18.3	22	13.6	1988	25.7	59.3	43.8	22.4	30.5	18.3
1982	33.4	68.1	44.8	18.4	21.8	13.5	1989	25.1	60.1	42.8	21.6	32.1	18.3
1983	33.2	67.1	44.4	18.7	22.4	14.2	1990	27.1	60.1	41.3	21.4	31.6	18.5
1984	32.1	64.0	43.1	19.9	24.8	16.1	1991	24.5	59.7	41.8	21.4	33.7	18.9

年份	第一产业		第二产业		第三产业		年份	第一产业		第二产业		第三产业	
	GDP比重	就业比重	GDP比重	就业比重	GDP比重	就业比重		GDP比重	就业比重	GDP比重	就业比重	GDP比重	就业比重
1992	21.8	58.5	43.4	21.7	34.8	19.8	2001	14.4	50.0	45.1	22.3	40.5	27.7
1993	19.7	56.4	46.6	22.4	33.7	21.2	2002	13.7	50.0	44.8	21.4	41.5	28.6
1994	19.8	54.3	46.6	22.7	33.6	23.0	2003	12.8	49.1	46	21.6	41.2	29.3
1995	19.9	52.2	47.2	23.0	32.9	24.8	2004	13.4	46.9	46.2	22.5	40.4	30.6
1996	19.7	50.5	47.5	23.5	32.8	26.0	2005	12.1	44.8	47.4	23.8	40.5	31.4
1997	18.3	49.9	47.5	23.7	34.2	26.4	2006	11.1	42.6	47.9	25.2	40.9	32.2
1998	17.6	49.8	46.2	23.5	36.2	26.7	2007	10.8	40.8	47.3	26.8	41.9	32.4
1999	16.5	50.1	45.8	23.0	37.7	26.9	2008	10.7	39.6	47.4	27.2	41.8	33.2
2000	15.1	50.0	45.9	22.5	39	27.5	2009	10.3	38.1	46.3	27.8	43.4	34.1

资料来源:《中国统计年鉴2010》。

1978年我国三次产业就业结构为70.5∶17.3∶12.2,呈现为"一、二、三"的就业格局。随着我国经济的发展,劳动力逐渐从生产率较低的第一产业转向生产效率较高的第二、第三产业。2008年我国三次产业就业结构为39.6∶27.2∶33.2,其中,第一产业就业比重明显下降,第三产业就业比重有很大上升,第二产业就业比重稳步增加。总体来看,目前我国三大产业的就业结构呈现出明显的"1>3>2"的结构特征,第一产业依然是吸纳劳动力的重头产业,但产业结构有了较大改善和提高,逐步趋于合理和优化。

(2)改革开放以来我国就业结构变动特征。

总体而言,改革开放以来我国就业结构变动呈现以下特征:

第一,我国就业结构演变趋势符合一般发展规律。

随着一国人均收入水平的增长,劳动力会逐步由第一产业向第二、第三产业转移,这是各国经济发展一般规律。从总体上看,改革开放以来我国就业结构演变符合一般发展规律。我国第一产业就业人员比重由1978年的70.5%下降到2009年38.1%;第二产业就业人员比重由1978年的17.3%上升到2009年27.8%;第三产业从业人员比重由1978年的12.2%稳步上升到2009年34.1%。我国三次产业的就业结构已由1978年时的传统型逐步进入了发展型时期。

第二，我国第一产业就业比重依然偏高，第三产业就业比重偏低。

尽管改革开放以来我国第一产业就业比重逐步下降，第三产业就业比重增长明显，就业结构由传统型逐步进入了发展型时期，但与发达经济国家相比，我国第一产业就业比重依然偏高，第三产业就业比重偏低。2008年我国第一产业就业比重是39.6%，而美国第一产业就业比重为1.6%，日本第一产业就业比重为4.4%，巴西第一产业就业比重为21.0%。与这些发达国家和发展中国家相比，我国第一产业就业比重明显偏高。2009年我国第三产业就业比重为34.1%，而发达国家第三产业就业比重已经达到了65%~75%，即便是一些发展中国家达到了50%以上。与这些发达国家和发展中国家相比，我国第三产业就业比重明显偏低。

第三，第三产业已成为我国就业增加的主要源泉。

改革开放以来，我国就业人数由1978年的40152万人上升到2009年的77995万人，全国新增就业人数为37843万人。这期间，第三产业就业人数由1978年的4890万人上升到2009年的26603万人，新增就业人员21713万人，占全国新增就业人数的比例为57.4%。第二产业就业人数由1978年的6945万人上升到2009年的20629万人，新增就业人员13684万人，占全国新增就业人数的比例为36.24%。第三产业行业多、门类广，不仅有劳动密集行业而且有知识密集的行业，具有较强的吸纳劳动力能力，已经成为目前我国就业增加的主要源泉，如表4-4所示。

表4-4　　　　　　　　　我国按三次产业分就业人员数

年份	就业人员	第一产业	第二产业	第三产业	年份	就业人员	第一产业	第二产业	第三产业
1978	40152	28318	6945	4890	1985	49873	31130	10384	8359
1979	41024	28634	7214	5177	1986	51282	31254	11216	8811
1980	42361	29122	7707	5532	1987	52783	31663	11726	9395
1981	43725	29777	8003	5945	1988	54334	32249	12152	9933
1982	45295	30859	8346	6090	1989	55329	33225	11976	10129
1983	46436	31151	8679	6606	1990	64749	38914	13856	11979
1984	48197	30868	9590	7739	1991	65491	39098	14015	12378

年份	就业人员	第一产业	第二产业	第三产业	年份	就业人员	第一产业	第二产业	第三产业
1992	66152	38699	14355	13098	2001	73025	36513	16284	20228
1993	66808	37680	14965	14163	2002	73740	36870	15780	21090
1994	67455	36628	15312	15515	2003	74432	36546	16077	21809
1995	68065	35530	15655	16880	2004	75200	35269	16920	23011
1996	68950	34820	16203	17927	2005	75825	33970	18084	23771
1997	69820	34840	16547	18432	2006	76400	32561	19225	24614
1998	70637	35177	16600	18860	2007	76990	31444	20629	24917
1999	71394	35768	16421	19205	2008	77480	30654	21109	25717
2000	72085	36043	16219	19823	2009	77995	29708	21684	26603

资料来源：《中国统计年鉴2010》。

4.3 产业发展与农村贫困减少的实证分析

4.4.1 文献回顾

除了经济增长本身之外，经济增长的产业构成对贫困减少的作用也引起一些学者的兴趣。国外的研究如 Ravallion 和 Datt（1996）通过对 1951～1991 年印度贫困变化和三大产业产值增长率的分析，发现印度的农业和服务业的发展对于贫困减少的贡献大于第二产业。Haider A. Khan（1999）研究发现，农业、服务业和一些制造行业的增长可以促进非洲贫困黑人人口的减少。只有同时促进经济增长和贫困人口的人力资本存量的长期政策才能有效减少贫困。Cristobal Kay（2009）从产业协同发展的角度分析产业增长对农村贫困减少的不同影响，认为农业和工业的协调发展才能最大化地促进农村发展，消除贫困。Norman V. Loayza 和 Claudio Raddatz（2010）通过推导产业劳动密集程度与工资增长关系的数理模型，运用了 55 个发展中国家的相关数据实证分析了不同产业增长对贫困减少的不同影响。他们发现，不仅是经济增长的规模，经济增长的产业结构同样对贫困减少起着重要作用，尤其是雇佣非熟练劳动程度高的产业对贫困减少作用大。Channing Arndt 和 Andres Garcia 等（2012）认为，尽管经济增长通常会有减少收入贫困的效应，但这种效应在不同国家有明显的差异。这种差异的典型解释是包括增长与贫困测量差异和经济增长中经济结构的不同。他们以两个的经济增长程度类似但经济结构不同的国家——莫桑比克和越南进行对比，研究发现越南的经济结构更有利于贫困的减少。

一些学者对中国产业发展和贫困减少进行了研究。Ravallion 和 Chen（2007）研究了 1980 ~ 2001 年中国贫困减少情况，通过实证分析发现农业增长对于贫困减少的贡献大大超过第二和第三产业。李小云、于乐荣和齐顾波（2007）研究发现，2000 ~ 2008 年中国不同产业增长对减少贫困的作用是不同的。从全国平均来看，农业增长的减贫作用最大，第二产业和第三产业的增长对减少贫困也具有重要的作用。张苹（2011）以占总人口 20% 的最低收入人群的平均收入来衡量贫困，从经济增长的产业构成视角切入，就经济增长与贫困减少论题进行了实证研究。研究发现，1978 ~ 2007 年，在减少贫困方面，第一产业和第三产业增长的减贫效应非常显著，而第二产业增长的减贫效应微弱。

4.4.2　数理模型及变量说明

为综合分析不同产业增长对缓解贫困的作用，本书参考 Besley（2004）提出的方法，加入控制变量，运用固定效应模型估计不同产业的增长对缓解贫困的影响。所用的回归方程由下式表示：

$$Ln(P_{it}) = \alpha + \beta_1 S_{it}^P Ln(y_{it}^P) + \beta_2 S_{it}^S Ln(y_{it}^S) + \beta_3 S_{it}^T Ln(y_{it}^T) + \gamma X_{it} + \varepsilon \quad (4-1)$$

其中，P_{it} 为农村贫困发生率，y_{it}^P、y_{it}^S、y_{it}^T 分别代表各省份第一、第二、第三产业的产值，S_{it}^P、S_{it}^S、S_{it}^T 分别代表各产业产值占 GDP 的份额，系数 β_1、β_2、β_3 分别表示贫困发生率对第一、第二、第三产业的弹性，亦即产业发展的减贫效应，γ 为控制变量的系数，α 包含省份和年份的固定效应。

X_{it} 为控制变量，我们包含城市化水平、基础设施、人力资本、政府财政支出和医疗状况 5 个因素。并按照如下方法予以量化：(i) 城市化（urban），指的是市镇人口占总人口（包括农业与非农业）的比率。中国经济在经历着工业化的同时也经历着城市化，表现为人口从乡村向城市的转移。事实上，城市化可以从多个方面来对贫困减少产生影响。一方面城市化推动了第二产业和第三产业的发展，有助于提高贫困人口的收入；另一方面，随着城市化水平的提高，人力资本、金融等资源也会流向城市，进而影响农村经济发展，不利于贫困减少。因此，城市化对中国贫困的影响也需要通过实证来检验。（ii）基础设施（infra）用地区每平方公里上的运输线路长度衡量，此指标用于考察基础设施增长在减少贫困过程中所起的作用。（iii）人力资本（hc），用地区每万人口在校大学生数来度量。有研究表明，人力资本与个人收入和国民收入呈现出显著的正相关关系，有助于贫困减少。但也研究表明，目前教育体制的功能在很大程度上是将高素质的农村劳动者从农村抽吸到城市，这样反而不利于农村贫困减少。本书将通过实证来检验人力资本提高对贫困减少的影响。（iv）政府财政支出（gov），用地方政府财政支出（一般预算支出）数额来衡量，此指标用于考察政府在减少贫困过程中所起的作用。（v）医疗状况因素（medical），用地区每万人口拥有床位数来衡量。在实证分析中，都取控制变量的对数值进行分析。

4.4.3　数据来源

本书所用贫困人口数据来自国务院扶贫办公室的全国和分省的数据，其他数据均来自历年的《中国统计年鉴》《新中国六十年统计资料汇编》《新中国60年农业发展统计汇编》以及各省区市《统计年鉴》。实证样本中包含全国27个省域。由于与前面年份可比的分省贫困数据只能补充到2007年，2008年国家统计局将贫困线和低收入线合并，停止公布按原来标准计算的贫困人口数。所以2008～2010年的贫困人口与以前年份是不可比的，故本书以1995～2007年的数据进行分析。

4.4.4　实证结果及分析

在考虑内生性、组间异方差等问题，以式（4-1）作为实证的基本模型，并采用固定效应估计方法对1995～2007年27个省域面板数据进行回归。其中，第（1）列是用农村贫困发生率的增长对三大产业增长的单独回归；第

（2）列是控制了各省域人力资本增长因素；第（3）列控制了城市化水平增长因素；第（4）列控制了政府财政支出增长因素；第（5）控制了医疗状况改善和基础建设增长两个因素的作用。

估计结果如表4-5所示。对比表4-5中不同形式的回归结果，我们不难看出，随着控制变量的加入，大多数变量的系数符号和显著性并没有发生实质性地改变，这说明结果具有较强的稳健性。具体来说，在全部5个回归中，第二产业增长、人力资本增长、城市化水平增长等因素系数符号和显著性都很稳定。第一产业增长和第三产业增长随着控制变量的增加，在（4）~（5）中系数符号和显著性保持稳定。

表4-5　　　　　　　　　产业发展与农村贫困减少实证分析结果

	（1）	（2）	（3）	（4）	（5）
s1lprimary	-0.491	-1.183 *	-1.046	-1.684 ***	-1.632 ***
	（-0.487）	（-0.558）	（-0.554）	（-0.354）	（-0.365）
s2lsecondary	-0.843 ***	-1.385 ***	-1.288 ***	-1.467 ***	-1.389 ***
	（-0.103）	（-0.241）	（-0.242）	（-0.145）	（-0.226）
s3ltertiary	-0.395	-1.069 **	-1.008 *	-1.432 ***	-1.347 ***
	（-0.295）	（-0.379）	（-0.394）	（-0.22）	（-0.297）
lhc		0.525 **	0.446 *	0.571 ***	0.532 **
		（-0.2）	（-0.202）	（-0.135）	（-0.175）
lurban			-1.809 ***	-1.896 ***	-1.980 ***
			（-0.548）	（-0.507）	（-0.527）
lgov				-0.331	-0.32
				（-0.389）	（-0.439）
lmedical					-0.123
					（-0.274）
linfra					-0.039
					（-0.135）
N	184	184	184	211	211
R-sq	0.507	0.555	0.573	0.601	0.6

注：括号内为标准误，* $p<0.05$，** $p<0.01$，*** $p<0.001$。

由于本书以式（5）作为实证的基本模型，下面本书将以式（5）为基准进行进一步分析：

（1）第一、第二、第三产业的系数均为负数并且非常显著，说明1995～2007年各省域三次产业的增长均有非常显著的减贫效应。但是三次产业增长减贫效应的大小存在差别，第一产业增长的减贫效应最大，弹性绝对值为1.632。这说明在控制变量不变的情况下，1995～2007年第一产业增长即农业产出每增长1%，贫困发生率就会降低1.632%。

（2）第二、第三次产业增长的系数均为负数、非常显著，而且相差不大——第二产业增长弹性绝对值为1.389，第三产业增长的减贫效应绝对值为1.347。这说明第二产业和第三产业增长的减贫效应差别不大。在控制变量不变的情况下，1995～2007年第二产业每增长1%，农村贫困发生率下降1.389%，第三产业每增长1%，农村贫困发生率下降1.347%。可以看出，本书与Ravallion、Chen（2007）和李小云（2010）的结论有差别——第三产业的减贫效应大于第二产业的减贫效应。需要特别说明的是，本书的计量模型相比他们加了6个控制变量，而且时间跨度也不一样，所以结论会有差别。

（3）人力资本增长因素对农村减贫减少的系数为正、显著，而且结果保持稳定。这说明每万人口在校大学生数的提高，对农村贫困的减少并没有帮助。人力资本增长因素对农村减贫减少的系数为负，笔者认为这某种程度反映了我国存在的"教育抽水机"现象（阮荣平、郑风田，2009；吕昭河，2010）——目前教育体制的功能在很大程度上是将高素质的农村劳动者从农村抽吸到城市，将本来可能会有利于农村经济发展的潜在人力资本变成了仅有利于城市经济发展的人力资本。每万人口在校大学生数的提高未能促进农村人力资本的增加，反而由于高素质劳动者的流失影响了农村贫困的减少。国外学者Norman V. Loayza和Claudio Raddatz（2010）研究有类似发现：发展中国家中等学校的增长不能促进农村贫困减少。

（4）城市化水平增长因素对农村减贫减少的系数为负、显著，而且结果保持稳定。这说明城市化水平的提高，对农村贫困的减少有促进作用。这说明，随着中国经济在经历着工业化与城市化，人口由乡村向城市的转移促进了农村贫困率的降低。城市化水平增长因素的系数为 -1.98，这意味着城市化水平每提高1%，农村贫困率降低1.98%。

（5）医疗状况改善和政府财政支出增长的系数为负，但并不显著。这说明对医疗状况、政府财政支出等方面的提高没有显著促进农村减贫的减少影响。究其原因，笔者认为这与这些方面增长的效率有关。以财政支出为例，当前我国对贫困地区的财政支出力度加大，但由于贫困瞄准准确性和效率不高（汪三贵，2008），扶贫体制有待改善，其使用效率并不高。对于三次产业发展的减贫效应不同的原因，本书将在下一部分专门进行分析。

4.4　进一步分析

对我国三次产业细分产业的实证分析结果如表 4 - 6 所示。

表 4 - 6　　　　　　不同细分产业发展与农村贫困减少实证分析结果

	（1）	（2）	（3）	（4）	（5）
Ny	- 0. 491	- 1. 183 *	- 1. 046	- 1. 684 ***	- 1. 632 ***
	（ - 0. 487）	（ - 0. 558）	（ - 0. 554）	（ - 0. 354）	（ - 0. 365）
Jzy	- 0. 843 ***	- 1. 385 ***	- 1. 288 ***	- 1. 467 ***	- 1. 389 ***
	（ - 0. 103）	（ - 0. 241）	（ - 0. 242）	（ - 0. 145）	（ - 0. 226）
Pfy	- 0. 395	- 1. 069 **	- 1. 008 *	- 1. 432 ***	- 1. 347 ***
	（ - 0. 295）	（ - 0. 379）	（ - 0. 394）	（ - 0. 22）	（ - 0. 297）
lhc		0. 525 **	0. 446 *	0. 571 ***	0. 532 **
		（ - 0. 2）	（ - 0. 202）	（ - 0. 135）	（ - 0. 175）
lurban			- 1. 809 ***	- 1. 896 ***	- 1. 980 ***
			（ - 0. 548）	（ - 0. 507）	（ - 0. 527）
lgov				- 0. 331	- 0. 32
				（ - 0. 389）	（ - 0. 439）
lmedical					- 0. 123
					（ - 0. 274）
linfra					- 0. 039
					（ - 0. 135）
N	184	184	184	211	211
R-sq	0. 507	0. 555	0. 573	0. 601	0. 6

4.5 本章总结

本章首先分析了我国产业结构和就业结构变动及其特征，接着对我国产业发展与农村贫困减少进行实证分析，研究发现：第一、第二、第三产业的系数均为负数并且非常显著，说明 1995～2007 年各省域三次产业的增长均有非常显著的减贫效应。但是三次产业增长减贫效应的大小存在差别，第一产业增长的减贫效应最大，系数为 -1.632，第二、第三次产业增长的系数分别为 -1.389 和 -1.347；城市化水平增长因素对农村减贫减少的系数为 -1.98，这说明着城市化水平每提高 1%，农村贫困率降低 1.98%；人力资本增长因素对农村减贫减少的系数为正而且显著；医疗状况改善和政府财政支出增长的系数为负，但并不显著。

第5章 产业发展的减贫效应的解释

5.1 引 言

如第4章分析,不同产业发展的减贫效应是不一样的?农业产业的减贫效应最大,其次第三产业和第二产业。那么,是什么因素导致了产业发展的减贫效应不一样?国内外学者对于这一问题进行了很多探讨。目前,国外文献关于不同产业发展减贫效应差异的原因如下:第一种归因于市场分割因素,认为市场分割阻碍了一个部门的工资收益向其他部门的转移;第二种归因于产业增长对贫困人口消费产品价格的影响,认为由于较低的农产品价格有助于提高贫困人群的消费篮子,因此农业增长会对贫困减少产生较大的影响;第三种归因于产业的劳动力密集度因素,认为一个产业的劳动力密集程度决定了此产业增长对贫困减少的影响力。关于中国产业发展减贫效应不同的原因探讨,国内学者从经验数据出发探讨我国产业劳动力密集度与产业发展减贫效应大小的关系,缺乏规范的实证分析。本书将对我国产业劳动力密集程度与产业发展减贫效应大小的关系进行实证分析,并结合贫困人口收入构成进行解释中国产业发展减贫效应不同的原因。

本章首先对产业劳动力密集程度与产业发展的减贫效应进行实证分析,提出研究假设和计量模型,并对实证结果进行分析;其次通过几个典型案例进一步分析产业劳动力密集程度与产业发展减贫效应的关系;最后做出本章总结。

5.2 研究假说

一国经济增长有助于一国农村贫困的减少，这是很多学者的观点。Ahluwalia 等（1979）和 Fields（1980）指出，很多国家的经济增长促进了贫困的减少。国内学者汪三贵（2008）等指出中国经济的快速增长，为缓解农村贫困提供了坚实的经济基础，为贫困人口的大幅减少做出了重大贡献。

随着学者们对经济增长与贫困减少研究得深入，一些学者从产业构成的角度研究经济增长对贫困减少的作用。国外的研究如 Ravallion 和 Datt（1996）通过对 1951~1991 年印度贫困变化和三大产业产值增长率的分析，发现印度的农业和服务业的发展对于贫困减少的贡献大于第二产业。Haider A. Khan（1999）研究发现，农业、服务业和一些制造行业的增长可以促进非洲贫困黑人人口的减少。只有同时促进经济增长和贫困人口的人力资本存量的长期政策才能有效减少贫困。

既然不同产业发展对农村贫困减少的效应不同，那么这背后的原因是什么？一种观点认为市场分割导致产业发展减贫效应差异，市场分割阻碍了一个部门的工资收益向其他部门的转移，进而导致产业发展对贫困减少的不同效应；另一种观点认为产业增长对贫困人口消费产品价格的不同影响导致产业发展减贫效应差异，这种观点认为，农业增长会导致较低的农产品价格，而这有利于贫困人口的消费篮子的提高。

除此之外，产业发展对贫困减少最直接的作用是提高在本产业就业的贫困人口的工资收入。关于不同行业的工资，20 世纪 80 年代，Dichens 和 Katz（1987）以及克鲁格、萨默斯（1988）都指出在行业间，工资存在着显著不同。那么什么样的行业利于贫困人口的工资增长？Tesfaye Teklu 和 Sisay Asefa（1999）通过对博茨瓦纳、肯尼亚的案例研究发现，在农村的穷人更愿意参与劳动密集型公共投资项目，特别是那些资产非常有限的穷人。参加这些项目的穷人工资都得到了提高，农村贫困人口也因此减少。Sugata Marjit（2003）研究认为，正规部门就业量的增加同样可以导致采用大量非熟练劳动力（穷人）的非正规部门的工资水平提高。林毅夫（2008）认为，要让穷人收入增长快于富人，最重要的是必须要有一个完善的市场经济体系，而且是按照比较优势来发展经济。在目前发展阶段，与发达国家比较，中国的劳动力相对多，相对便宜，资本相对短缺，如果按比较优势发展，就要多发展一些劳动力相对密集的产业，这有利于穷人收入的增长。

由此，笔者提出了本书的第一个研究假说，我国产业劳动密集度是否影响了产业发展的减贫效应？

5.3 产业劳动力密集程度与产业发展的减贫效应的实证分析

5.3.1 文献回顾

随着研究的深入，除了经济增长本身之外，经济增长的产业构成对贫困减少的作用也引起一些学者的兴趣。国外的研究如 Ravallion 和 Datt（1996）通过对 1951～1991 年印度贫困变化和三大产业产值增长率的分析，发现印度的农业和服务业的发展对于贫困减少的贡献大于第二产业。Haider A. Khan（1999）研究发现，农业、服务业和一些制造行业的增长可以促进非洲贫困黑人人口的减少。只有同时促进经济增长和贫困人口的人力资本存量的长期政策才能有效减少贫困。Cristobal Kay（2009）从产业协同发展的角度分析产业增长对农村贫困减少的不同影响，认为农业和工业的协调发展才能最大化地促进农村发展，消除贫困。Norman V. Loayza 和 Claudio Raddatz（2010）通过推导产业劳动密集程度与工资增长关系的数理模型，运用了 55 个发展中国家的相关数据实证分析了不同产业增长对贫困减少的不同影响。他们发现，不仅是经济增长的规模，经济增长的产业结构同样也对贫困减少起着重要作用，尤其是雇佣非熟练劳动程度高的产业对贫困减少作用大。Channing Arndt 和 Andres Garcia 等（2012）认为，尽管经济增长通常会有减少收入贫困的效应，但这种效应在不同国家有明显的差异。这种差异的典型解释包括增长与贫困测量差异和经济增长中经济结构的不同。他们以两个的经济增长程度类似但经济结构不同的国家——莫桑比克和越南进行对比，研究发现越南的经济结构更有利于贫困的减少。

一些学者对中国产业发展和贫困减少进行了研究。Ravallion 和 Chen（2007）研究了 1980~2001 年中国贫困减少情况，通过实证分析发现农业增长对于贫困减少的贡献大大超过第二产业和第三产业。李小云、于乐荣和齐顾波（2007）研究发现，2000~2008 年中国不同产业增长对减少贫困的作用是不同的。从全国平均来看，农业增长的减贫作用最大，第二产业和第三产业的增长对减少贫困也具有重要的作用。张萃（2011）以占总人口 20% 的最低收入人群的平均收入来衡量贫困，从经济增长的产业构成视角切入，就经济增长与贫困减少论题进行了实证研究。研究发现，1978~2007 年，在减少贫困方面第一产业和第三产业增长的减贫效应非常显著，而第二产业增长的减贫效应微弱。

5.3.2 计量模型

有的学者认为，当一个产业雇用了大量的劳动力时，此产业的增长必然有助于劳动力收入的提高，进而有助于减少贫困。Norman V. Loayza 和 Claudio Raddatz（2010）通过产业劳动密集程度与工资增长关系的数理模型，分析了发展中国家由于产业劳动密集度不同导致不同产业增长对贫困减少的不同影响。本章采用他们提出的方法，用 1995~2007 年分省数据验证我国产业劳动力密集程度与产业发展减贫效应的关系。本章引用两位学者推导了以下公式：

$$\hat{h}_j = \theta_0 + \theta_1 \hat{y} + \theta_2 \left(\sum_{i=1}^{l} \left(\frac{l_i}{S_i} - 1 \right) s_i \cdot \hat{y}_i \right) + \varepsilon_j \tag{5-1}$$

其中，$\hat{h}$ 表示农村贫困发生率的增长率，S_i 表示地区各产业产值占地区 GDP 的份额，$\hat{y}_i$ 表示地区各产业产值的增长率，$\hat{y}$ 为地区人均 GDP 增长率。i 表示各地区产业划分的种类数，本章按三次产业划分，取值为 3。θ_0 为常数项，θ_1 和 θ_2 为模型中的系数。l_i 表示此产业就业人数占地区总就业人数的比重。$\dfrac{l_i}{S_i}$ 表示某产业的产业劳动力密集程度，$\sum\limits_{i=1}^{l} \left(\dfrac{l_i}{S_i} - 1 \right) s_i \cdot \hat{y}_i$ 表示此地区各产业的劳动力密集程度增长。

在计量分析中,我们用 j 表示各产业的劳动力密集程度增长(即 $j = \sum_{i=1}^{1} \left(\frac{l_i}{S_i} - 1 \right) si. \hat{y}_i$)。由式(5-1)可知,一个地区农村贫困发生率的增长率受到地区人均 GDP 增长率和产业的劳动力密集程度增长的影响。

5.3.3 数据来源

本章所用贫困人口数据来自国务院扶贫办公室的全国和分省的数据,其他数据均来自历年的《中国统计年鉴》《新中国六十年统计资料汇编》《新中国 60 年农业发展统计汇编》以及各省市《统计年鉴》。实证样本中包含全国 27 个省域。由于与前面年份可比的分省贫困数据只能补充到 2007 年,2008 年国家统计局将贫困线和低收入线合并,停止公布按原来标准计算的贫困人口数。因此 2008 ~ 2010 年的贫困人口与以前年份是不可比的,故本章以 1995 ~ 2007 年的数据进行分析。

5.3.4 实证结果

以式(5-1)为基本计量模型,笔者分析了我国各省域农村贫困发生率的增长率 $\hat{h}_j$ 与各省域地区人均 GDP 增长率 $\hat{y}$、表各省域产业的劳动力密集程度增长 $\sum_{i=1}^{1} \left(\frac{l_i}{S_i} - 1 \right) si. \hat{y}_i$ 之间的关系。为进一步检验第 4 章的相关结论和稳健性检验的需要,笔者逐步加入各省域城市化率增长 lurban 和各省域人力资本增长 lhc 两个变量,由此得到 4 个回归结果,实证结果如表 5-1 所示。

表 5-1	农村贫困增长率与产业集中度增长实证结果			
	(1)	(2)	(3)	(4)
lpgdp	-1.200 ***	-1.384 ***	-1.255 ***	-1.691 ***
	(-0.084)	(-0.119)	(-0.118)	(-0.299)

	(1)	(2)	(3)	(4)
j		− 0. 782 **	− 0. 688 **	− 0. 780 **
		(− 0. 233)	(− 0. 221)	(− 0. 242)
lurban			− 1. 180 **	− 1. 056 **
			(− 0. 373)	(− 0. 369)
lhc				0. 226
				(− 0. 146)
_cons	5. 441 ***	6. 610 ***	4. 064 ***	6. 585 ***
	(− 0. 619)	(− 0. 841)	(− 1. 036)	(− 1. 774)
N	346	346	344	344
R-sq	0. 546	0. 553	0. 564	0. 569

注：括号内为标准误，* p < 0. 05，** p < 0. 01，*** p < 0. 001。

由表 5 - 1 可以发现，人均 GDP 增长率 lpgdp 和产业的劳动力密集程度增长 $j(j = \sum_{i=1}^{1} \left(\frac{l_i}{S_i} - 1 \right) si. \hat{y}_i)$ 的系数均为负数，而且非常显著。如表 5 - 1 中 (4) 所示，劳动力密集程度增长 j 的系数为 - 0. 78。这说明，各省域产业的劳动力密集程度每增长 1%，农村贫困率降低 0. 78%。

需要指出的是，我国存在大量的未系统统计的非正规就业人员。黄宗智 (2010) 认为，2006 年计算值为 0. 986 亿人[①]，笔者计算 2007 年数值为 0. 966 亿人——这占 2007 年全国就业总人数的 12. 5%。考虑到这个因素，所以我国产业的劳动力密集程度增长对农村贫困减少的效应被低估了。

笔者在前面分析的基础上，进一步分析了各省域贫困发生率增长与人均 GDP 增长、人力资本增长和城市化增长的关系。如表 5 - 1 中 (4) 所示，lpgdp 的系数为 - 1. 691，lhc 的系数为 0. 226，lurban 的系数为 - 1. 056。实证结果表明，各省域人力资本对农村贫困减少的效果并不明显；但各省域城市化率每提高 1%，农村贫困率降低 1. 056%，比较明显。这与第 4 章的结论基本相同。

笔者以 2007 年的数据，在控制了人均 GDP 增长对贫困发生率的影响后，

---

① 黄宗智. 中国的隐形农业革命 [M]. 法律出版社，2010：166.

做了各省域贫困发生率增长与其劳动密集度增长的散点图。如图 5 - 1 所示，各省域贫困发生率增长与其劳动密集度增长呈现明显的负相关，即劳动密集度增长越大的省域，其贫困发生率增长越低（由于大部分省域的贫困发生率增长为负数，这意味着此时贫困发生率增长衡量的是农村贫困的减少）。

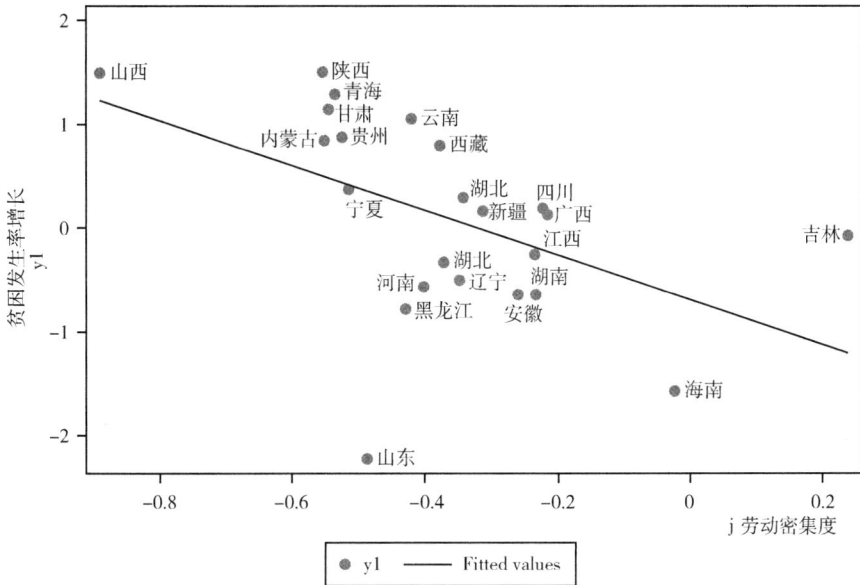

图 5 - 1 贫困发生率增长与劳动密集度预散点图

注：y1 为控制了人均 GDP 增长影响后的贫困发生率增长。

5.3.5 实证结果分析

5.3.5.1 三大产业劳动力密集程度

笔者进一步引入 1995 ~ 2007 年 27 个省域三大产业相关数据进行计算 $\frac{l_i}{S_i}$，可以得到各地区计算期平均的三大产业劳动力密集程度（见表 5 - 2）。计算结果显示，27 个省域的三大产业劳动力密集度显现出一个明显特征：第一产业劳动力密集度 > 第三产业劳动力密集度 > 第二产业劳动力密集度。具体来说，其一，所有地区的第一产业劳动力密集度都大于 1.7，意味着第一产业是劳动力密集度最高的产业。其二，第二产业和第三产业的劳动力密集度相差不大。

表 5 - 2　　　　　　　　1995～2007 年三大产业劳动密集度指标

省/自治区	第一产业	第二产业	第三产业	省/自治区	第一产业	第二产业	第三产业
山西	5.28	0.53	0.73	福建	2.59	0.61	0.76
内蒙古	2.68	0.45	0.78	广东	4.37	0.69	0.68
吉林	2.32	0.50	0.86	广西	2.36	0.32	0.72
黑龙江	3.35	0.45	0.93	海南	1.72	0.45	0.73
安徽	2.35	0.49	0.70	四川	2.42	0.47	0.68
江西	1.87	0.67	0.82	贵州	3.14	0.26	0.46
河南	2.73	0.43	0.66	云南	3.49	0.23	0.48
湖北	2.40	0.53	0.78	西藏	2.62	0.30	0.49
湖南	2.28	0.59	0.63	陕西	3.82	0.39	0.71
辽宁	2.78	0.65	0.90	甘肃	3.32	0.43	0.55
湖北	2.80	0.56	0.73	青海	3.57	0.37	0.75
山东	3.22	0.51	0.75	宁夏	3.61	0.47	0.62
江苏	3.24	0.61	0.83	新疆	2.54	0.38	0.79
浙江	3.22	0.72	0.78				

资料来源：历年《中国统计年鉴》。

将前面所分析的三大产业劳动力密集程度与表 4 - 5 的回归结果相结合来看，不难发现两者之间显示出较高的相关性。也就是说，产业的劳动力密集程度与此产业发展的减贫效应成正比。具体来看，劳动力密集度最高的第一产业，其系数无论是显著性还是数值的绝对值都明显高于第二产业和第三产业的系数。其产业发展的减贫效应最大。而第二产业和第三产业劳动力密集度相差不大，其产业发展对农村贫困减少的影响也大体相同。由此我们不难得出一个结论：一个产业的劳动力密集程度影响着这一产业发展的减贫效应大小。

5.3.5.2　农村居民收入纯收入及其构成

在我国，贫困人口的收入构成可以说是一个产业的劳动力密集程度影响着此产业发展减贫效应大小的一个很好的经验事实。从农民收入来源构成来看，全国人口人均收入的 40.9% 来自第一产业。全国贫困人口人均收入的 55.4% 来自第一产业，这个数据比全国贫困水平高出了 14.5%（见图 5-2、表 5-3）。

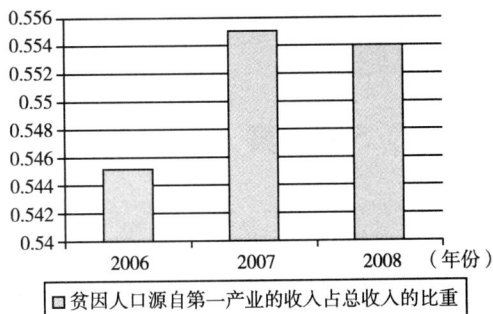

图 5-2　贫困人口源自第一产业的收入占总收入的比重

资料来源：国家统计局农村社会经济调查司，《中国农村贫困监测报告 2009》。

表 5-3　　　　　　　　　　**2008 年农村居民收入纯收入及其构成**

指标名称	收入水平（元）		收入构成（%）	
	全国	贫困人口	全国	贫困人口
人均纯收入	4760.7	988.8	100	100
工资性收入	1853.7	280.8	38.9	28.4
家庭经营收入	2435.6	595.3	51.2	60.2
1. 第一产业	1945.9	547.6	40.9	55.4
种植业	1427	492.6	30	49.8
2. 第二产业	149	14.5	3.1	1.5
3. 第三产业	340.7	33.2	7.2	3.4
财产险收入	148.1	12.2	3.1	1.2
转移性收入	323.2	100.4	6.8	10.2

资料来源：国家统计局农村社会经济调查司，《中国农村贫困监测报告 2009》。

根据国务院扶贫办历年《贫困监测报告》表明，贫困人口源自第一产业的收入占总收入的比重一直在50%以上（见图5-2）。以2008年资料为例（见表5-3），贫困人口家庭经营收入来源于第一、第二和第三产业的收入占其人均纯收入的比例分别为55.4%、1.5%和3.4%，这同本书的表4-5的实证结果以及前面论证的产业劳动力密集程度与其减贫效应的关系是一致的。尽管没有考虑到贫困人口工资性收入，但由于工资性收入占人均纯收入比重不高，而且工资性收入同样来源于三次产业。因此，笔者认为贫困人口收入构成是本章论证的产业发展减贫效应及其原因在实践中一个很好的体现。

5.4 案　例

对于产业发展减贫效应不同的原因，笔者将通过贫困地区产业发展与贫困减少的案例进一步分析。

花垣县位于湖南西部，与黔、渝接壤，总面积1108.69平方公里，辖18个乡镇288个村19个社区（居委会），总人口30.5万人，其中，苗族占77.3%，土家族占6.4%，花垣县是一个以苗族聚居为主的少数民族山区县，是革命老区县，1986年、1993年、2000年、2011年四次被确定为国家扶贫开发工作重点县。

花垣县1986~2011年共到位财扶资金3.15亿元，中扶信贷资金1.9亿元，通过专项扶贫、行业扶贫、社会扶贫，全县农村社会经济建设步入新台阶，贫困面貌发生了很大改变，贫困人口由1985年的23万人下降到2011年的15.0686万人（按2300元新扶贫标准）。农民人均纯收入由1985年的170元增加到2011年的3745元。

由于自然环境恶劣、人口素质较低，花垣县经济和社会发展还存在着许多深层次的矛盾和问题，主要体现在以下几个方面。一是农村贫困面大，贫困程度深，按2300元扶贫新标准，2011年花垣县统计全县贫困人口为15.0686万人，占总人口的50%，贫困发生率为59%，而同期农村低保率只达6.5%，月人均补差667元，2011年全县农民人均纯收入为全国平均水平的

53.7%，全省的 66.6%。二是基础设施薄弱。全县 90% 以上的耕地没有通机耕道，农村通畅工程标准不高，人均耕地不足 1 亩，全县有 7 个乡镇 2478 户农民需要生态移民，56% 的建制村没有实施农村电网改造。三是保障水平不高，上学难、看病难的问题仍然突出。

《中国农村扶贫开发纲要（2011～2020 年）》颁布实施后、武陵山片区区域发展与扶贫攻坚试点启动以来，花垣县积极抢抓片区发展机遇，勇于探索创新，大胆先行先试，努力在新一轮扶贫工作中实现率先发展、率先脱贫。

花垣县加快产业开发、促进农民就业增收。一是充分利用扶贫信贷资金，扶持一批矿业企业。如振兴、汇银、汇丰、三立、东锰（东矿前身）等，通过银行发放扶贫贷款、财政扶贫资金贴息，目前这些企业已经发展成为花垣县资产过亿元纳税千万元以上的骨干企业。二是加快特色产业化升级。在稳定粮食产量的基础上，大力发展优质稻、烤烟、蔬菜、油茶等产业，全县已形成烟叶 3.5 万亩、商品蔬菜 8 万亩、油茶 12 万亩、柑橘 6 万亩的规模。被确定为国家蔬菜产业重点县、中烟公司优质烟叶基地县；大力培育湘西黄牛、西伯利亚鲟鱼、大鲵、大闸蟹、乳鸽等特色养殖业，已经形成鲟鱼 20 万尾、年产商品乳鸽 40 万羽、大鲵 3500 尾、大闸蟹 500 多亩的养殖规模，一些特色农产品享誉中外，兄弟河大闸蟹、纽荷尔脐橙在中国中西部（湖南）国际农博会上分别荣获金奖、银奖。三是大力培育农业产业化龙头企业。通过项目贷款贴息、贷款担保、以奖代补等支持政策，积极支持龙头企业发展壮大，按照"公司 + 基地 + 农户"产业模式，鼓励和引导有实力的矿山企业投入农业开发，涌现出德农牧业、"苗汉子"专业合作社等矿山企业转型样板，德农牧业 6 万头肉牛良种繁育与清真（屠宰）深加工产业化项目已经完成投资 1.2 亿元。目前，花垣县级以上龙头企业发展到 7 户，农产品加工企业发展到 12 户。三是完善农业服务体系综合配套。积极发展农民专业合作组织，提高农业产业组织化、专业化、机械化程度，莲台山林业开发省级专业合作示范社、格瑞柑橘合作社、羽丰鸽业养殖协会等带动力进一步增强，农民各种专业合作组织发展到 41 户。

推进农村基础设施建设，改善农村生产生活条件。近年来投入财扶资金近 5800 万元，整合资金近 2 亿元，实现了 267 个村的通村公路，140 多个村的村间道硬化，硬化里程总计达 1000 多公里，农村道路硬化率达 94.5%。全县公路密度达 2.1 公里/平方公里，基本完成通畅工程。全县农村沼气池入户率达到 37%，农民人均住房面积达 22 平方米，安装太阳能热水器 600 台套，进入首批"全国绿色能源示范县"行列。农机近 2 万台套，农民人均旱涝保收面积超过 0.4 亩，64% 的农村人口解决了饮水困难，引电能力达 65 万千伏安，农网改造 126 个村。

大力实施精细化扶贫，加快扶贫帮困步伐。一是实行进村入户帮扶机制，对全县 288 个村、22500 贫困农户进行帮扶。二是整村推进工作进展顺利。在 2005～2010 年完成 130 个扶贫开发工作重点村到村入户的扶持；从 2011 年开始，在全县 67 个村实行新一轮整村推进工作，投入 3000 多万元，完成 21 个村基础设施项目和产业项目建设。三是在全省率先实行互助金项目试点，全县共成立村级互助社 31 个，入社农户达 3173 户，入社股金 42.3 万元，资金总额 507.3 万元，累计向社员发放借款 566.7 万元，4142 人次，到期还款率达 98%，极大地缓解了互助金项目村发展产业资金难题，为贫困村发展产业提供资金保障。并在全国首创西部大学生志愿者与扶贫开发工作相结合的工作机制，招聘大学生志愿者在扶贫开发工作任务较重的乡镇担任扶贫助理，重点管理和指导贫困村互助金项目。

强化农村劳动力培训，切实解决农民就业和创业难题。花垣县大力实行劳动力转移培训、实用技能培训、"雨露"计划、贫困大学生救助等农村就业创业培训。通过培训，先后解决 5 万多人的就业问题，帮助 1.3 万人就业创业，救助贫困大学生 362 人，大力实施社会扶贫、对口扶贫，逐步形成大扶贫格局。一是社会扶贫。全县共有 113 个单位结对帮扶 75 个村，其中省直单位 1 个、州直单位 16 个，县直单位 96 个，直接投入帮扶资金 420 多万元、帮扶物资折价 108 多万元，协调部门资金 2350 多万元，参与帮扶干部人数达 1730 人、结对帮扶困难群众 1894 人。新修水利工程 2 处、解决 22998 人口饮水困难，修筑村级公路 175.9 公里，架设农村电网 51.8 公里。二是对口扶贫。1994 年以来，衡阳市委、市政府对口扶贫花垣县，累计投入资金 2000 多万元，安排各类项目 29 个，其中投入 600 多万元支持边城高级中学和窝勺学校建设，投入 385 万元建成衡阳路，全面拉开花垣县城南建设框架。在衡阳市中小企业担保公司的帮助下为花垣县中小企业信用担保公司增资 8000 万元，为企业提供担保获得银行贷款 4000 多万元，协助 14 家企业办理担保性贷款 1.13 亿元，有效缓解花垣县发展资金"瓶颈"制约。向花垣县提供景区开发建设及管理营销方面的经验，花垣县完成了《边城（茶峒）修建性详细规划》编制，边城基础设施建设项目进入国家旅游发展项目储备，并列入全省 100 个重点旅游开发项目之一。衡阳市白沙工业园与花垣县工业园签订了战略合作协议，县工业园累计完成投资 3.3 亿元，入园项目增至 6 个，被授予"湖南省新材料产业湘西基地"和"湘西国家锰深加工高新技术产业化基地锰资源综合利用示范园"。

2012 年，花垣县共有 11 个乡镇、136 个村、2777 户烟农种烟，种植烟叶面积 3.5 万亩，比 2011 年同期增长 34.7%。克服了暴雨洪涝灾害频繁等不利影响，花垣县烟叶收购仍比 2011 年增加 22087 担，增长 31.3%，种烟农户平均收入 39802 元，比 2011 年增加 13902 元，增长 53.7%。以花垣县雅西乡麻家村为例，笔者和调研组其他成员对此村 25 个农户进行了问卷调查，25 个农户中种植烟叶农户有 7 个，没有种植烟叶农户 18 个。麻家村种植烟叶农户，1 年净利润最高为 20000 元，最低位 4000 元。

[案例总结]

花垣县的产业发展同样揭示了劳动密集度高的产业发展对于贫困地区农户的增收、贫困减少有着重要意义。2012 年花垣县共有 11 个乡镇、136 个村、2777 户烟农种烟，种植烟叶面积 3.5 万亩，种烟农户平均收入 39802 元。笔者对麻家村种植烟叶 25 位农户的问卷调查结果显示，种植烟叶农户 1 年净利润最高为 2 万元，最低为 4000 元。花垣县劳动密集度高的烤烟产业发展对此县的农户的增收、农村贫困减少起到了重要作用。

5.5　本章总结

本章对我国产业劳动力密集程度与产业发展减贫效应大小的关系进行实证分析，并结合贫困人口收入构成本解释中国产业发展减贫效应不同的原因。

实证结果显示，我国产业的劳动力密集程度大小影响着此产业发展减贫效应的大小。接着通过湖南省花垣县产业发展与贫困地区农户增收的案例揭示了劳动密集度高的产业发展对于贫困地区农户的增收、贫困减少的重要作用。

第6章 不同地区间产业发展减贫效应比较

6.1 引　　言

基于前面对我国产业发展减贫效应及其原因的分析，可以发现我国三次产业发展的减贫效应并不一样，其原因可以从各个产业的劳动密集度得到解释。在这一章，笔者将继续对我国东部、中部和西部地区产业发展的减贫效应进行探讨。首先将分别讨论对东部、中部和西部地区产业发展减贫效应进行实证分析的必要性，其次对东部、中部和西部地区产业发展减贫效应进行实证分析，再次探讨东部、中部和西部地区产业发展减贫效应不同的原因，最后做出本章总结。

6.2　分地区实证分析的必要性

东部、中部和西部地区无论是经济发展水平、自然条件还是农村贫困特点都存在着显著的差异。由此引出的问题是，产业发展对农村贫困减少的作用是否会因地区而异？针对这个问题，我们根据国家统计局 2003 年发布的划分标准，将总体样本进一步细分为东部、中部和西部地区三个子样本进行分析。接下来，笔者将分地区产业发展对减贫效应进行分析。

6.2.1 我国东部、中部和西部地区自然因素差异很大

中部地区和西部地区海拔较高,地形复杂,对工农业生产和交通建设较为不利,尤其是西部某些地区交通生产条件极为不利,甚至不适宜居住。中、西部地区气候多属于半干旱、干旱区和高寒区,对农业发展较为不利,但其自然资源能源和矿产资源却具有明显优势。东部地区属于我国地势最低的第三级阶梯,低平的丘陵和平原有利于工农业生产的发展。东部地区气候基本上在东部季风区内,气候湿润,有利于农作物生长。但是东部地区的自然资源能源、原材料相对不足,北方各省市淡水资源短缺。东部、中部和西部地区不同的地理特征导致了我国省级和国家级贫困县的不同分布。

6.2.2 我国东部、中部和西部地区社会和经济因素差异很大

我国东部、中部和西部地区社会和经济因素差异很大。在经济因素方面,区域经济发展不平衡一直是我国经济发展的一大特点。具体来说,中部和西部地区经济发展基础比较薄弱。从历史上看,我国20世纪30年代后才一度出现工业向西推移的趋势。在中部和西部地区产业结构中,第一产业比重相对较大,生产力水平总体较低,经济发展相对迟缓。中部和西部地区交通运输状况交通线路比较少,运输条件也较差。我国东部地区历史上形成的社会经济基础较好。40年代后,近代工业首先出现在沿海地区,其产业结构相对较优,第二、第三产业比重远远大于第一产业。改革开放以后,随着国外资本的涌入,东部地区经济发展基础条件进一步增强,农村工业化程度较高,生产力水平较高。

在社会因素方面,东部、中部和西部地区差异很大。落后地区的发展需要特殊的政策来支持。而政策因素对地区经济发展的实施效果是不一样的。一些学者认为我国东部、中部和西部地区差距很大程度上是由于政策因素造成的。区域经济发展政策属于制度范畴。一国政府通过各种制度安排,改变各区域的要素供给和要素配置效率,影响各区域经济社会的发展。改革开放

后，东部地区受到国家政策支持，相比于中部和西部，经济社会发展得更快。东部地区经济发展的基础条件较好，城市化水平较高，资本投资回报率高、吸引了全国较多的人力资本。而东部较高的经济发展水平使其有更大的财力提高本地区的教育文化设施。而中部和西部地区资本产出效率低、劳动力素质不高和技术设备落后，其经济发展缓慢、水平低。

在其他因素方面，我国中部和西部地区处于内陆，距海较远，长期处于较为封闭的状态，缺少东部地区的区位优势。中部和西部地区人们的思想观念相对保守，经济竞争的危机感和紧迫感相对较小，内部联系和对外交流相对较少。而东部地区面向大海，具有开放性，海运的便利为本地区发展开放型经济提供了良好的区位条件。东部地区人们的思想观念比较开放，很多地区如温州等地有经商创业的传统。东部地区的人们往往也有着相对较强的危机感和紧迫感，国际化程相对度高，与外界保持着较为密切的社会、经济和技术联系。

6.2.3　我国东部、中部和西部地区农村贫困特点差异很大

改革开放以前，我国 2.5 亿贫困人口分布在全国范围，地区间差异不是很明显。但随着我国经济的发展，我国农村的贫困分布也发生显著变化，地区间差异明显。目前我国剩余的贫困人口主要分布在条件更恶劣的地区，脆弱性增强，返贫率高，贫困群体的弱势地位突出，特别是西北地区农村的贫困状况依然十分严峻，农村贫困发生率明显高于其他地区。

在我国，根据"八七扶贫攻坚计划"确定的 592 个国家重点扶持的贫困县绝大部分都是山区、高原等自然环境较差甚至恶劣的地区。其中有 307 个国家重点扶持的贫困县集中在西北、西南地区以及中部地区的大山区，贫困人口约为全国贫困人口的 60%。

2005 年全国绝对贫困人口 2365 万，其中 95% 以上分布在生态环境极度脆弱的"老少边穷"地区（环境保护部，2008）。中国生态脆弱区每年因干旱、洪涝、沙尘暴、泥石流、山体滑坡等各种自然灾害所造成的经济损失达 2000 多亿元人民币。

事实上，我国中、东、西部地区农村贫困人口分布和减少速度都很不一样。如表 6 - 1 所示，1995 ～ 2007 年中、东、西部各省域农村贫困人口变化。

首先，从农村贫困人口分布来说，1995 年中、东、西部平均每省域农村贫困人口分别为：251.33 万人、139.87 万人和 314.62 万人；2007 年中、东、西部农村贫困人口平均每省分别为：52.08 万人、15.63 万人和 93.71 万人。显然，就农村贫困人口分布而言，西部最多、中部次之、东部最少。

表 6 - 1   1995 ～ 2007 年中、东、西部各省（自治区）农村贫困人口变化

地区	农村贫困人口数（万人）				地区	农村贫困人口数（万人）			
	1995 年	2007 年	年均减少人数	年均减少率		1995 年	2007 年	年均减少人数	年均减少率
山西	222.5	29.97	16.04	15.39%	福建	34.2	0	2.73	22.94%
内蒙古	150.6	40.15	9.2	10.43%	广东	56.2	0	4.48	22.85%
吉林	123.4	23.98	8.29	12.76%	广西	407.6	71.75	27.99	13.48%
黑龙江	151.1	33.08	9.84	11.89%	海南	35.2	3.49	2.64	17.52%
安徽	212.9	67.39	12.13	9.14%	东部地区平均值	**139.87**	**15.63**	**10.2**	**18.92%**
江西	163.5	74.16	7.45	6.38%	四川	557.5	113.06	37.04	12.45%
河南	586.4	70.68	42.98	16.17%	贵州	606.3	215.38	32.58	8.26%
湖北	246.5	74.51	14.33	9.49%	云南	593.6	196.45	33.1	8.80%
湖南	405.1	54.81	29.19	15.35%	西藏	47.8	7.58	3.35	14.23%
中部地区平均值	**251.33**	**52.08**	**16.61**	**11.89%**	陕西	393.4	113.78	23.3	9.82%
辽宁	142.4	14.98	10.62	17.11%	甘肃	352.6	125.3	18.94	8.26%
河北	218.3	45.86	14.37	12.19%	青海	52	24.97	2.25	5.93%
山东	206.4	4.62	16.82	27.14%	宁夏	69	8.9	5.01	15.69%
江苏	101.1	0	7.93	21.08%	新疆	159.4	38	10.12	11.26%
浙江	57.4	0	4.19	15.98%	西部地区平均值	**314.6**	**93.71**	**18.41**	**10.52%**

资料来源：根据国家扶贫办数据整理而得。

其次，从农村贫困人口减少人数来看，1995～2007年，中部地区每省年均减少人数为16.61万人，东部地区每省年均减少人数为10.2万人，西部地区每省年均减少人数为18.41万人；从农村贫困人口减少速度来看，中、东、西部每省农村贫困人口年均减少率分别为：11.89%、18.92%和10.52%。显然，就农村贫困人口减少人数而言，西部最多、中部次之、东部最少；就农村贫困人口减少速度而言，东部最快、中部次之、西部最慢。

6.3　分地区实证结果

基于前面分析，笔者将总体样本进一步细分为东部、中部和西部三个子样本。东部地区包括河北、辽宁、江苏、浙江、福建、山东、广东、广西、海南9省域；中部地区包括山西、内蒙古、吉林、黑龙江、安徽、江西、河南、湖北、湖南9省域；西部地区包括四川、贵州、云南、西藏、陕西、甘肃、宁夏、青海、新疆9省域。对这三个子样本用计量模型式（4－1）的完整模型进行回归，来进一步研究产业发展的减贫效应的地区差异问题。实证结果如表6－2所示。

表6－2　　　　　　　　　　　　　　分地区回归结果

	东部	中部	西部
s1lprimary	－0.367	－2.076***	－1.539*
	(0.846)	(0.560)	(0.707)
s2lsecondary	－1.501**	－1.583***	－1.236**
	(0.640)	(0.440)	(0.379)
s3ltertiary	－1.424***	－1.842**	－1.592**
	(0.722)	(0.711)	(0.546)
lurban	－2.450**	0.973	－0.732
	(－0.798)	(3.064)	(0.390)
lhc	0.515	0.730*	0.34
	(0.441)	(0.311)	(0.269)

续表

	东部	中部	西部
lgov	−0.033	−0.943	0.599
	(0.961)	(0.533)	(0.459)
lmedical	−0.035	2.006	−0.158
	(0.918)	(1.112)	(0.279)
linfra	0.054	−0.163	−0.03
	(0.279)	(0.177)	(0.192)
N	85	81	80
R-sq	0.642	0.642	0.712

注：括号内为标准误，* p < 0.05，** p < 0.01，*** p < 0.001。

先看东部地区，从表 6 - 2 不难发现：第二、第三产业的系数显著为负，第三产业的系数虽然为负，但都不显著。这表明对于东部沿海地区来说，第二、第三产业发展对农村贫困减少起到了积极的促进作用，第一产业发展的减贫效应并不显著。这与李小云（2010）的实证结果类似。对于其他解释变量而言，城市化水平增长对农村贫困减少的作用显著，为促进作用。这表明，东部地区的城市化提高有效地促进了农村贫困的减少。其余基础设施、人力资本和人口流动、对外贸易和政府支出的减贫效应则不显著。

再看中部和西部地区，从表 6 - 2 可以看出，中部和西部地区，三次产业发展的减贫效应系数为负，都很显著。其中，第一产业的减贫效应最大，第二产业的减贫效应最小。至于其他解释变量，中部地区人力资本增长的系数为正，且显著。这表明中部地区的人力资本增长对农村贫困的减少起到了一些负面作用。其余解释变量的系数为负，但都不显著，这表明这些因素未发挥出减贫效应。

通过对东部、中部和西部陆地区 3 个子样本的回归分析不难看出，三大产业增长的减贫效应在这三个地区存在一些差异。具体来说：

（1）第一产业发展有助于中部和西部地区的农村贫困的减少，中部地区第一产业发展的减贫效应最大，但在东部地区作用并不显著。

（2）中部地区第二产业发展的减贫效应最大，东部地区第二产业发展的减贫效应次之，西部地区第二产业发展的减贫效应最小。

（3）中部地区第三产业发展的减贫效应最大，西部地区第三产业发展的减贫效应次之，东部地区第二产业发展的减贫效应最小。

6.4　分地区实证结果分析

针对前面对东部、中部和西部地区产业发展减贫效应实证分析的结果，笔者将从产业发展特点的角度分析实证结果的原因。本章重点讨论不同地区第三产业发展的减贫效应不同的原因。

（1）第一产业发展减贫效应的差别。东部地区经济整体发达，而农村贫困人口少。根据国家扶贫办的数据资料，东部地区的福建、广东、江苏和浙江等省份2007年的农村贫困人口数为零。东部地区9个省份的平均农村贫困人口数，1995年是139.87万人，2007年为15.63万人，远远低于中部和西部地区的农村贫困人口，是东、中、西部三个地区中最少的。东部地区的第二、第三产业相对发达，农村相对富裕，第一产业发展的减贫效应与中、西部相比相对较小。而中部地区农业发达，农村贫困人口较多，其第一产业发展的减贫效应在三大地区中是最大的。西部地区农村贫困人口最多，但由于第一产业基础设施和自然条件相对差些，第一产业不如中部地区的农业发达，其第一产业发展的减贫效应小于中部地区。因此，对于第一产业发展的减贫效应来说，中部地区最为显著，西部地区次之，东部地区最少且不显著。

（2）第二产业发展的减贫效应的差别。就制造业而言，中部地区最为显著，东部地区次之，西部地区最少。其原因可以从第二产业劳动密集度和劳动力来源分析。如表6-3所示，东、中、西部地区每省份第二产业劳动密集度平均值分别为：0.57、0.52和0.37。东部地区最高，中部地区次之，西部地区最少。但是由于东部地区第二产业的工人很大一部分是中部和西部地区的农民，因此，东部地区第二产业发展的减贫效应很大程度上贡献于中部和西部地区的农村贫困减少。而中部和西部地区第二产业从业人员大部分是本地区人口。所以整体而言，中部地区第二产业发展的减贫效应区最高，东部地区次之，西部地区最少。

表6-3 各省域第二产业劳动密集度指标

地区	第二产业	地区	第二产业	地区	第二产业
山西	0.53	辽宁	0.65	四川	0.47
内蒙古	0.45	湖北	0.56	贵州	0.26
吉林	0.50	山东	0.51	云南	0.23
黑龙江	0.45	江苏	0.61	西藏	0.30
安徽	0.49	浙江	0.72	陕西	0.39
江西	0.67	福建	0.61	甘肃	0.43
河南	0.43	广东	0.69	青海	0.37
湖北	0.53	广西	0.32	宁夏	0.47
湖南	0.59	海南	0.45	新疆	0.38
中部地区平均值	0.52	东部地区平均值	0.57	西部地区平均值	0.37

资料来源：历年《中国统计年鉴》整理而得。

（3）东部、中部和西部地区第三产业内部结构不同影响了各地区的第三产业发展的减贫效应。

实证结果显示，关于第三产业发展的减贫效应，中部地区最为显著，西部地区次之，东部地区最少。接下来，笔者将分析其原因。首先我们来看就业吸纳弹性系数这一指标。就业吸纳弹性系数衡量的是经济增长导致就业增长大小的变动。它可以用在某一时期内就业数量的变化率与产值变化率之比来衡量。三次产业的就业吸纳弹性系数，指的是三次产业产值增长率每改变一个百分点引起的就业增长率的变动。三次产业的就业吸纳弹性系数可以用第三产业就业增长率与其产值增长率的比值表示。系数越大，意味着吸纳就业能力强；反之，则说明吸纳就业能力强。

根据刘晶晶（2009）计算，1978~1989年我国三次产业就业弹性平均值为0.63，1990~1995年就业弹性平均值为1.93，1996~2000年就业弹性平均值为0.4，2001~2007年就业弹性平均值为0.14。由此可见，改革开放以来，第三产业就业弹性系数高于第二、第三产业，但其就业弹性系数逐年下降。

这表明，随着我国经济快速增长，第三产业的就业吸纳能力也不断降低。

我们知道，产业结构变动的内在因素之一是技术进步。技术进步可以划分为资本增进型、劳动增进型和希克斯中性的技术进步三种类型。与此相对应，技术进步对就业的影响也可以分为劳动节约型、资本节约型和技术中性三种类型。如果是劳动节约型技术进步会导致就业数量的减少，资本节约型的技术进步则会导致就业数量的增加。

以第三产业行业劳动报酬占总收入的比例作为衡量要素密集程度的指标，我们可以将第三产业划分为劳动密集型第三产业和资本密集型第三产业两大类。劳动密集型第三产业有教育、卫生、社会福利、公用事业单位、行政事业单位、仓储等行业；资本密集型第三产业有房地产、航空运输、电信、金融保险业等行业。第三产业中金融保险、交通运输行业资本密集型行业的比重过高，将导致第三产业整体的就业吸纳能力受到抑制。张春煜、喻桂华（2004）等认为，我国第三产业总体上有向资本偏转的趋势，第三产业所吸纳就业的增长率相对下降。很多研究表明，我国第三产业内部资本增强型趋势，在一定程度上导致了第三产业整体的就业吸纳能力。

下面我们将结合数据具体分析。如表6－4所示，东部、中部和西部地区金融业和房地产业（资本密集型产业）在第三产业的比重存在较大的差异性，中部、东部和西部地区比值分别为15.29%、20.91%和17.26%。中部、东部和西部地区交通运输、仓储和邮政业、批发和零售业和住宿和餐饮业（劳动密集型产业）在第三产业的比值分别为43.29%、42.62%和36.76%由此可见，中部地区的第三产业内部劳动密集型产业最多，东部地区次之，西部地区最少；东部地区的第三产业内部资本密集型产业最多，西部地区次之，中部地区最少。考虑到东部地区第三产业的就业人员很大一部分来自中、西部农村地区，而且统计资料中还有一部分第三产业中劳动密集型产业没有纳入统计，由此我们不难得出结论，中部地区第三产业发展的减贫效应最大，西部地区第三产业发展的减贫效应次之，东部地区第二产业发展的减贫效应最小。这也表明，东部、中部和西部地区第三产业内部结构的不同影响了各地区第三产业发展的减贫效应。

表6-4　　　中、东、西部地区第三产业分行业产值比重（2007年）　　　单位：%

地　　区	交通运输、仓储和邮政业	批发和零售业	住宿和餐饮业	金融业	房地产业	地　区	交通运输、仓储和邮政业	批发和零售业	住宿和餐饮业	金融业	房地产业
山西	21.61	17.21	6.74	7.92	6.71	福建	17.59	21.88	3.76	9.85	13.02
内蒙古	23.47	21.08	9.39	6.34	6.81	广东	9.33	20.86	5.32	13.37	15.92
吉林	13.61	23.99	5.79	6.22	7.56	广西	13.60	22.29	7.09	6.57	10.46
黑龙江	14.86	21.60	5.33	5.53	9.23	海南	17.34	24.32	7.16	4.51	9.19
安徽	16.80	18.29	4.61	5.38	10.26	东部地区平均值	**15.03**	**22.36**	**5.22**	**9.57**	**11.33**
河南	19.21	16.97	10.94	6.70	9.92	四川	13.35	16.30	8.08	9.37	10.36
湖北	12.35	19.30	5.69	8.68	9.77	贵州	14.33	15.19	5.60	9.56	9.17
湖南	13.05	17.80	5.03	5.79	9.10	云南	10.58	19.12	5.26	9.14	10.37
江	19.25	20.68	4.96	4.89	10.80	西藏	10.85	15.38	10.35	3.29	6.46
中部地区平均值	**17.14**	**19.66**	**6.50**	**6.38**	**8.91**	陕西	16.34	20.58	5.59	9.20	7.28
江苏	10.81	25.29	4.27	12.50	11.77	甘肃	17.48	16.09	6.58	5.94	8.05
浙江	9.67	22.38	4.00	14.69	13.14	青海	14.48	15.85	4.37	9.17	6.36
辽宁	15.92	26.32	5.55	7.40	8.94	宁夏	16.37	14.17	4.75	14.08	8.27
河北	24.91	15.33	2.84	7.57	8.78	新疆	14.22	15.01	4.63	11.97	7.32
山东	16.13	22.56	7.02	9.70	10.78	西部地区平均值	**14.22**	**16.41**	**6.13**	**9.08**	**8.18**

资料来源：由2008年《中国统计年鉴》整理而得。

6.5　本章总结

本章首先从自然因素、经济社会因素和农村贫困特点三个方面讨论了对东部、中部和西部地区产业发展减贫效应进行分析的必要性。其次本章分别对东部、中部和西部地区产业发展减贫效应进行实证分析，研究发现，产业发展减贫效应存在着地区差异。最后从各地区产业发展特点分析了东部、中部和西部地区产业发展减贫效应不同的原因。研究发现，东部、中部和西部地区第三产业内部结构的不同影响了各地区第三产业发展的减贫效应。

第7章 总结与展望

7.1 本书的主要结论

通过对我国经济增长与农村贫困减少、产业发展与农村贫困减少、产业发展减贫效应不同的原因，以及东部、中部和西部地区产业发展减贫效应不同及其原因的研究，本书所得到的主要结论有以下几点。

7.1.1 产业发展对农村贫困减少的效应是不同的，第一产业的效应最大，第二产业和第三产业的效应相差不大

由本书第4章实证分析结果可知，第一、第二、第三产业的减贫效应均为负数并且非常显著，说明1995~2007年三次产业发展均有非常显著的减贫效应。但是，减贫效应的大小存在差别，第一产业增长的减贫效应最大，弹性绝对值为1.966。这说明在控制变量不变的情况下，1995~2007年第一产业即农业产出每增长1%，贫困发生率就会降低1.966%。

第二、第三次产业增长的系数均为负数、非常显著，而且相差不大——第二产业弹性绝对值为1.603，第三产业增长的减贫效应绝对值为1.537。这说明第二产业和第三产业增长的减贫效应差别不大。在控制变量不变的情况下，1995~2007年第二产业每增长1%，农村贫困发生率下降1.603%，第三产业每增长1%，农村贫困发生率下降1.537%。产业发展对农村贫困减少的效应是不同的，第一产业的效应最大，第二产业和第三产业的效应相差不大。

基于农业产业发展减贫效应最大的前提，笔者接下来将分析在大规模非农就业增加、人口自然增长减慢、食品消费结构转型和农民专业合作社发展迅速等四大历史条件交汇下我国农业发展对农村贫困减少的影响。

7.1.1.1　我国农业产业发展面临的四大历史性条件

（1）人口自然增长率下降。

改革开放以来，我国的人口出生率由 1978 年的 18.25‰下降到 12.13‰，人口自然增长率由 1978 年的 12‰下降到 5.05‰（见图 7-1）。我国人口出生率和自然增长率下降是我国经济社会发展的一大显著特征。

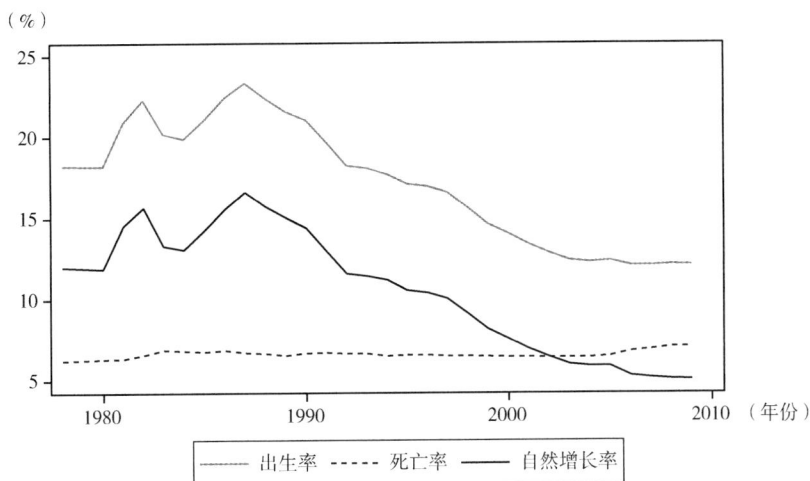

图 7-1　全国人口出生率、死亡率和自然增长率趋势

资料来源：《中国统计年鉴 2010》。

（2）城乡非农劳动力增长迅速。

如图 7-2 所示，我国城乡非农业就业由 1990 年的 27910 万人上升到 2009 年的 52111 万人，农村劳动力人数由 1990 年的 27910 万人上升到 2009 年的 46875 万人，农村劳动力人数由 1990 年的 47708 万人下降到 2009 年的 25884 万人。中国农村人口就业正处于两大趋势的交汇之中。两亿农民的非农就业和人口生育率的降低（及随后劳动力自然增长的减慢），导致长时期以来务农人数的第一次持续下降。这是个划时代的变迁。农业从业人员和农村人

口的减少会有两个结果：一是分享农业收入的人数减少，农业劳均收入因此提高；二是工商从业人口增加，而这一部分人的收入水平提高，也将提高农产品的消费水平。食品消费需求的提高又将刺激农业生产的发展，进一步提高农业收入。

（万人）

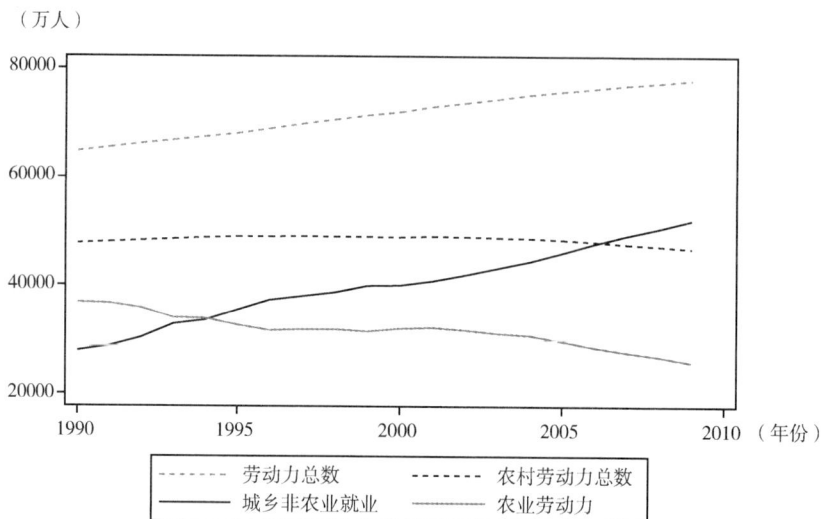

图 7 - 2　1990 ~ 2009 中国劳动力与就业增长

资料来源：《中国统计年鉴 2010》。

（3）食品消费结构变化。

第一，我国城市和农村食品消费结构变化。

随着我国经济持续快速增长，城乡居民生活水平有了很大提高，我国城镇和农村居民的食品消费结构发生了较大变化。图 7 - 3 和图 7 - 4 分别显示了我国农村和城镇居民各类食品人均消费量的变化趋势。

图 7 - 3 显示了 1990 ~ 2009 年我国农村居民消费结构变化。在我国农村居民家庭平均每人的主要商品中，粮食由 1990 年的 262.08 千克下降到 2011 年的 170.74 千克，奶及制品由 1990 年的 1.1 千克上升到 2011 年的 5.16 千克，肉禽及制品由 1990 年的 12.59 千克上升到 2011 年的 23.3 千克；蔬菜由 1990 年的 134 千克下降到 2009 年的 89.36 千克；蛋及制品由 1990 年的 2.41 千克上升到 2011 年的 5.40 千克；瓜果及制品由 1990 年的 5.89 千克上升到 2011 年的 21.3 千克。

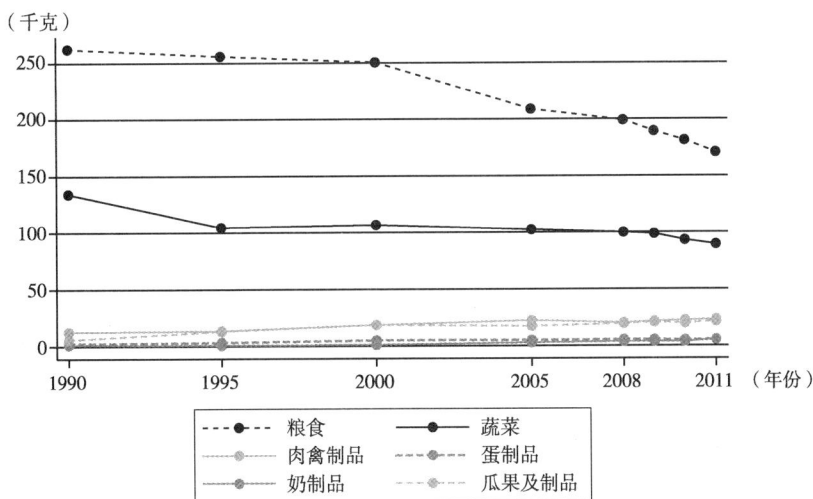

（千克）

图 7 - 3　1990～2011 年我国农村居民消费结构变化

资料来源：《中国统计年鉴 2010～2012》。

图 7 - 4 显示了 1990～2009 年我国城镇居民消费结构变化。在我国城镇居民家庭平均每人全年购买的主要商品中，粮食由 1990 年的 130.72 千克下降到 2011 年的 80.71 千克；鲜奶由 1990 年的 4.63 千克上升到 2011 年的 13.7 千克；猪肉由 1990 年的 18.46 千克上升到 2011 年的 20.63 千克；鲜菜由 1990 年的 138.7 千克下降到 2011 年的 114.56 千克；猪肉由 1990 年的 18.46 千克上升到 2011 年的 20.63 千克；牛羊肉由 1990 年的 3.28 千克上升到 2011 年的 3.95 千克。

总体来说，我国居民的食品结构正经历由植物纤维为主向兼重动物脂肪及高蛋白的转变。如图 7 - 3、图 7 - 4 所示，动物类副食品（鱼、肉、蛋、奶）的消费量逐年上升，特别是近年来，奶及奶制品的消费迅速攀升。与此相对应，粮食消费显著下降，反映动物类副食品的替代作用。相对于蔬菜消费量，水果消费量偏低，但有上升趋势。据联合国粮农组织对各国与地区食品供应的统计，大陆的人均营养水平与日本、中国台湾和韩国接近，即每日 3 千卡路里左右，但从食物结构来看，大陆的鱼、肉、蛋、奶消费水平还比较低，还有较大上升空间。

第二，我国食品消费结构变化与农业产业发展。

本书采用黄宗智（2010）的方法，根据全国城镇平均和城镇中上层 40%

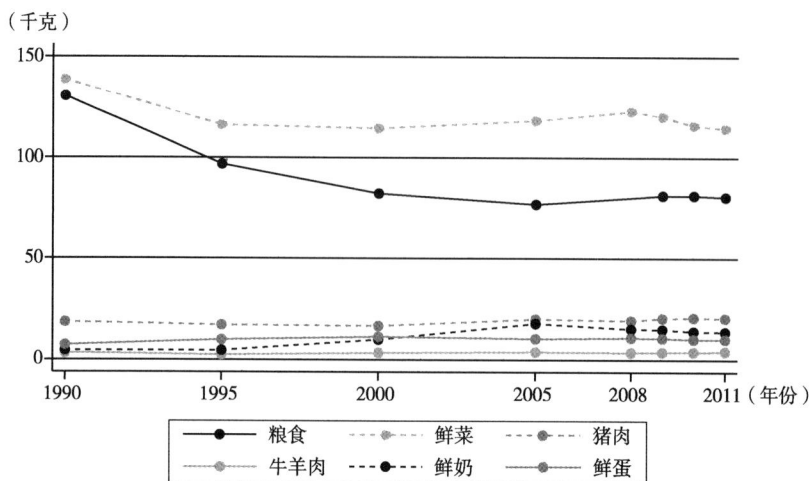

（千克）

图 7－4　1990～2011 年我国城镇居民食物结构变化

资料来源：《中国统计年鉴 2010～2012》。

收入组的消费量，来推算全国食品消费量的上升空间（见表 7－1）。2011 年全国人均奶制品消费量为 11.67 千克，农村人均和城镇人均奶制品消费量分别为 5.16 千克和 17.9 千克，这距城镇人均上升空间和距城镇中上层 40% 人均上升空间分别为 53% 和 101%。2011 年全国瓜果消费量为 36.97 千克，农村人均和城镇人均瓜果消费量分别为 21.3 千克和 52.02 千克，这距城镇人均上升空间和城镇中上层 40% 人均上升空间分别为 41% 和 72%。

表 7－1　　　　全国人均消费水平上升空间估计（2011 年资料）

项目 （单位：千克）	全国人均	农村人均	城镇人均	城镇中上层 40% 人均	距城镇人均 上升空间	距城镇中上 层 40% 人均 上升空间
食用植物油	7.94	6.6	9.26	9.3	17%	17%
猪肉	17.55	14.42	20.63	22.9	18%	30%
牛肉	1.89	0.98	2.77	3.21	46%	69%
羊肉	1.05	0.92	1.18	1.36	12%	30%
蛋及制品	7.80	5.4	10.12	11.28	30%	45%
蔬菜	101.96	89.36	114.56	122.98	12%	21%

项目 （单位：千克）	全国人均	农村人均	城镇人均	城镇中上层 40%人均	距城镇人均 上升空间	距城镇中上 层40%人均 上升空间
瓜果	36.97	21.3	52.02	63.70	41%	72%
奶制品	11.67	5.16	17.9	23.42	53%	101%

资料来源：由国家统计局《中国统计年鉴 2012》相关资料整理计算而得。

由此可见，食用植物油、肉类、蛋及制品、瓜果和奶制品的全国人均消费水平上升空间很大，最高达 101% 的提升空间，最低也有 17% 的提升空间。

随着收入水平的继续提高，消费者会追求消费品质的提高，而不仅要吃得饱，而且要吃得好。事实上，中国传统的粮食对肉食对菜的比例从 8∶1∶1 转向 4∶3∶3。这是一个容易被忽视的一个重要变化。这将对我国农产品需求产生重要影响。

（4）专业合作社发展迅速。

近些年，我国农民专业合作社发展迅速。自 2007 年 7 月 1 日《农民专业合作社法》正式实施以来，农民专业合作社总数、出资总额和成员总数迅速增长，带动效应明显增强。据农业部和全国工商总局统计，2001～2007 年由 1.78 万家发展到 2.67 万家，增长 33%，平均每年增幅 5.5%，2007 年以后出现骤增，由 2007 年的 2.67 万家增长到 2011 年 3 月底的 40.76 万家，增长约 93%，平均增速为 23.2%（见图 7-5）；2001 年入社农户仅为 509.89 万户，占全国农户总数的 2.08%，到 2010 年年底，已有 2800 多万的农户入社，占全国农户总数 10% 以上，每年新入社农户约 254 万户；截至 2011 年 3 月底，全国农民专业合作社出资总额 5024.38 亿元，比上年年底增长 10.53%。农民专业合作社的迅猛发展带动了农民增收致富，农民加入合作社的积极性高涨。目前，全国农民专业合作社实有成员总数 780.36 万名，比上年年底增长 9.05%（见图 7-5）。

可以说，农民专业合作社发展迅速是近些年来农村经济发展中的一个显著特征。发达国家中 80% 以上的农民都加入了农业合作社，而我国农业合作社发展无论在数量和质量上都还有很大的上升空间。

（万家）

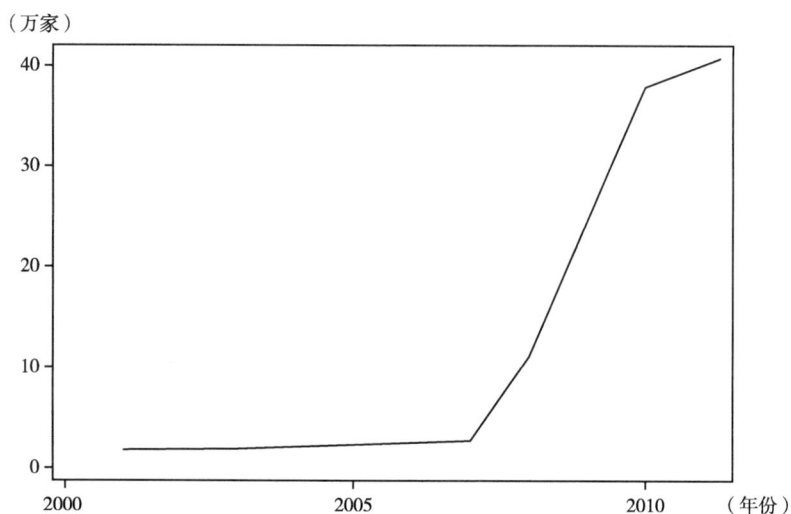

图 7-5　我国农民专业合作社发展趋势

资料来源：农业部和全国工商总局相关数据整理。

7.1.1.2　四大历史条件交汇下的农业产业发展和农村贫困减少

如前所述，我国食用植物油、肉类、蛋及制品、瓜果和奶制品的全国人均消费水平上升空间很大，这些农产品需求将给我国农业发展带来机遇。农民把更多的农业资源用于生产更多高价值的农产品上。我国农业逐渐由低值的、过密的、以粮食为主的生产向资本和劳动双密集化的高值、具有适度规模的生产转化。

（1）由于我国城市化进程加速，城乡非农劳动力增长迅速。我国城乡非农业就业由 1990 年的 27910 万人上升到 2011 年的 49826 万人，农村人口数由 1990 年的 84138 万人下降到 2011 年的 65656 万人。农业从业人员和农村人口的减少会有两个结果：一是分享农业收入的人数减少，农业劳均收入因此提高；二是工商从业人口增加，而这一部分人的收入水平提高，也将提高农产品的消费水平。食品消费需求的提高又将刺激农业生产的发展，进一步提高农业收入。因此，我国城乡非农劳动力增长迅速会进一步放大我国食品消费结构变化带来 农产品需求的变化，这将进一步促进我国农业发展。

（2）近年来农民专业合作社发展迅速。2007 年 7 月，我国《农民专业合作社法》正式颁布实施。此后，我国农民专业合作社在总体数量、出资总额和成员总数方面增长迅速，带动效应明显增强。根据农业部和全国工商总局统计资料，2007 年我国农民专业合作社有 2.67 万家，比 2001 年增加了 33%，平均年增长 5.5%。2011 年 3 月底，我国由专业合作社 40.76 万家，比 2007 年增加了约 93%，年均增长 23.2%。在农民专业合作社成员总数方面，2010 年年底我国入社农户有 2800 多万户，占全国农户总数 10% 以上，与 2001 年相比，每年新入社农户约 254 万户。农民合作组织的快速发展，一方面可以促进我国农业现代化发展，另一方面可以使联合起来的农户与流通领域的商业资本相抗衡，从而改变农产品生产者的利润在流通领域大量流失的现象。这样，农民合作组织的快速发展促进了农民在食品消费结构变化带来农产品需求（农产品销售）变化中获得更多的收入，这将促进我国农业的良性发展。

7.1.2　产业的劳动力密集程度影响着该产业发展的减贫效应大小

本书第 5 章对我国产业劳动力密集程度与产业发展减贫效应大小的关系进行实证分析，并结合贫困人口收入构成解释中国产业发展减贫效应不同的原因。实证结果显示，我国产业的劳动力密集程度大小影响着此产业发展减贫效应的大小。本书通过南江县、花垣县和龙山县的产业发展与贫困地区农户增收的案例揭示了劳动密集度高的产业发展对于贫困地区农户的增收、贫困减少的重要作用。所以本书得出的一个重要结论是：产业的劳动力密集程度影响着此产业发展的减贫效应大小。

7.1.3　东部、中部和西部地区产业发展的减贫效应有所差别

由于东部、中部和西部地区自然因素、经济社会因素和农村贫困的差异，本书分别对东部、中部和西部地区产业发展减贫效应进行实证分析。研究发现：（i）第一产业发展有助于中部和西部地区农村贫困的减少，中部第一产业发展的减贫效应最大，但在东部作用并不显著；（ii）中部地区第二产业发

113

展的减贫效应最大，东部地区第二产业发展的减贫效应次之，西部地区第二产业发展的减贫效应最小；（iii）中部地区第三产业发展的减贫效应最大，西部地区第三产业发展的减贫效应次之，东部地区第二产业发展的减贫效应最小。

7.1.4　东部、中部和西部地区第三产业内部结构影响了第三产业发展的减贫效应

本书从各地区产业发展特点进一步分析了东部、中部和西部地区第三产业发展减贫效应不同的原因。研究发现，东部、中部和西部地区金融业和房地产业（资本密集型产业）在第三产业的比重存在较大的差异性，中部、东部和西部地区的比值分别为 15.29%、20.91% 和 17.26%。中部、东部和西部地区交通运输、仓储和邮政业，批发和零售业和住宿和餐饮业（劳动密集型产业）在第三产业的比值分别为 43.29%、42.62% 和 36.76%。东部地区的第三产业内部劳动密集型产业最多，东部地区次之，西部地区最少。正是由于这个原因，东部、中部和西部地区第三产业发展的减贫效应存在差异。因此本书得出的一个重要结论：东部、中部和西部地区第三产业内部结构的不同影响了各地区第三产业发展的减贫效应。

7.1.5　我国城市化水平的提高有助于农村贫困减少

本书第 4 章和第 5 章的实证分析都表明：城市化水平增长因素对农村减贫减少的系数为负、显著，而且结果保持稳定。这说明城市化水平的提高，对农村贫困的减少有促进作用。这说明：随着中国经济经历着工业化与城市化，人口由乡村向城市的转移促进了农村贫困率的降低。城市化水平增长因素的系数为 −1.98，这意味着城市化水平每提高 1%，农村贫困率降低 1.98%。

7.1.6　我国各省域的人力资本增长没有促进农村贫困的减少

本书第 4 章和第 5 章的实证分析都表明：各省域的人力资本增长因素对农村减贫减少的系数为正。这说明每万人口在校大学生数的提高，对农村贫困的减少并没有帮助。人力资本增长因素对农村减贫减少的系数为正，笔者认为这某种程度反映了我国存在的"教育抽水机"现象——目前教育体制的功能在很大程度上是将高素质的农村劳动者从农村"抽吸"到城市，将本来可能会有利于农村经济发展的潜在人力资本变成了仅有利于城市经济发展的人力资本。每万人口在校大学生数的提高未能促进农村人力资本的增加，反而由于高素质劳动者的流失影响了农村贫困的减少。一些国外学者研究有类似发现：发展中国家中等学校的增长不能促进农村贫困减少。

7.2　对策含义

根据以上分析。本书的政策建议如下：

（1）本书研究表明：农业发展对本地区农村贫困减少起着重要的促进作用。我们要继续促进农业的发展。尤其是在当前我国农业发展面临全国人口自然增长率下降、城乡非农劳动力增长迅速和食品消费结构变化等历史性条件，我们应该基于我国人多地少的国情，大力发展农业。这一方面可以促进农业进一步发展，另一方面也可以更好地通过农业的发展促进贫困减少。

（2）产业的劳动力密集程度影响着此产业发展的减贫效应大小是本书研究的一个重要结论。我国正致力于产业结构优化升级和经济发展转型，努力实现由"中国制造"转向"中国创造"。本书的研究可以为这些政策的制定提供一个反贫困的视角，为促进我国经济增长实现益贫式经济增长（pro—poor growth），我国应该继续发展一部分劳动密集型产业，使贫困人口能够充分分享经济发展的成果。当然不同地区、不同产业的产业升级政策应该有所不同。

（3）随着我国经济的进一步发展，第三产业将在农村贫困减少中发挥更为重要的作用。本书研究结果表明：东部、中部和西部地区第三产业内部结构影响了第三产业发展的减贫效应。所以我国应该大力优化第三产业内部结构，提高第三产业发展的减贫效应。尤其是在中、西部贫困人口相对较多的地区，我们应支持批发零售、交通仓储等就业密集度高的第三产业发展。优化我国第三产业内部结构，提高第三产业发展对农村贫困减少的效应。

（4）本书研究表明：我国城市化水平的提高有助于农村贫困减少。随着中国经济经历着工业化与城市化，人口由乡村向城市的转移促进了农村贫困率的降低。当前我国正处于城市化加速增长时期，我们需要采取有效的措施提高我国城市化率的同时促进农村人口在城市中就业、提高农民工的收入增长、保障城镇化进程中保护农民土地权益，这样我国的城市化才能更好地促进农村贫困的减少。所以我国大力推进城市化在规模和质量上的提高，以更好地促进农村贫困减少。

（5）应培养一批立志农村经济发展的人才。在教育内容上要塑造出一批能有利于农村经济发展的人力资本，在制度上鼓励人才到农村地区工作，以克服"教育抽水机"机理的影响，促进农村贫困减少。

（6）应进一步优化贫困地区的公共支出政策。随着经济持续快速增长，我国对贫困地区的财政支出力度不断加大，但由于贫困瞄准准确性和扶贫体制有待改善的问题，财政支出使用效率并不高。我们应该采取有效措施，优化贫困地区的公共支出，更好地促进农村贫困减少。

7.3　未来研究的展望

本书对我国经济增长与农村贫困减少、产业发展与农村贫困减少、产业发展减贫效应不同的原因，以及东部、中部和西部地区产业发展减贫效应不同及其原因进行了研究，但未来的研究仍需要从以下几个方面进一步展开讨论：

7.3.1 从多维贫困的角度研究我国产业发展的减贫效应

贫困概念已不仅仅限在经济领域，在非经济领域也有不同的表现。但从收入角度来研究产业发展与农村贫困减少，不能全面分析产业发展的减贫效应。因此，未来的研究可能将利用合适的数据从多维贫困的角度分析我国产业发展与农村贫困减少以及产业发展减贫效应不同的原因。

7.3.2 劳动流动弹性与产业发展减贫效应之间的关系

关于劳动密集度导致产业发展减贫效应不同的研究，劳动流动弹性是其中一个重要因素。本书主要对劳动密集度和产业发展减贫效应之间的关系进行了实证分析，没有对劳动流动弹性的不同如何影响产业发展减贫效应进行研究。因此，笔者认为，构建计量模型研究劳动流动弹性与产业发展减贫效应之间的关系是未来的研究内容之一。

7.3.3 对三次产业内部更细分的产业发展减贫效应的研究

本书对我国产业发展与农村贫困减少以及东部、中部和西部地区产业发展减贫效应比较的研究，都是从第一、第二和第三产业的角度进行分析，缺乏对第一、第二和第三产业内部更为细分的产业（如第三产业中的交通运输、仓储和邮政业，批发和零售业和住宿和餐饮业等）分析。而对这些更为细分的产业发展的减贫效应的分析，无论在理论上还是实践上都很有意义。因此，对三次产业内部更细分的产业发展减贫效应的研究，将是未来的一个研究方向。

参 考 文 献

中文文献：

[1] 阿马蒂亚·森. 贫困与饥荒. 北京：商务印书馆，2001.

[2] 阿马蒂亚·森. 以自由看待发展. 北京：中国人民大学出版社，2002.

[3] 阿马蒂亚·森. 评估不平等和贫困的概念性挑战. 中国社会科学文摘，2003（5）.

[4] 沃尔芬森. 消除贫困 实现和平与稳定. http：//www. cnr. cn/news/200410070003. html，2004 – 10 – 07.

[5] 曹芳，杨友孝. 中国农村贫困地区可持续发展的制度分析. 中国人口、资源与环境，2004（14）.

[6] 白兴发. 论少数民族禁忌文化与自然生态保护的关系. 青海民族学院学报（社会科学版），2002（4）.

[7] 布吉尼翁，达席尔瓦. 经济政策对贫困和收入分配的影响. 北京：中国人民大学出版社，2007.

[8] 蔡昉，陈凡，张车伟. 政府开发式扶贫资金政策与投资效率. 中国青年政治学院学报，2001（2）.

[9] 曹保歌. 我国农村公共物品供给制度探索. 河南商业高等专科学校学报，2003（5）.

[10] 曹洪民. 中国农村开发式扶贫模式研究. 中国农业大学博士论文，2003.

[11] 查道林，黄胜忠. 村庄财政与反贫困的瞄准目标. 理论月刊，2004（10）.

［12］陈端计，詹向阳．贫困理论研究的历史轨迹与展望，青海师专学报，2006（1）.

［13］陈传波．陆地边境县任重道远的扶贫开发．管理世界，2006（3）.

［14］陈传波．风险与脆弱性：一个分析框架及贫困地区的经验．农业经济问题，2005（8）.

［15］陈凡，杨越．中国扶贫资金投入对缓解贫困的作用．农业技术经济，2003（6）.

［16］陈浩．中国农村贫困地区脱贫与抑制返贫的新思路——国家社科基金课题《中国农村贫困地区人口脱贫与人力资源开发研究》报告引论．财经政法资讯，2001（2）.

［17］陈绍华，王燕，王威，邹运．中国经济的增长和贫困的减少——1990－1999年的趋势研究．财经研究，2001（9）.

［18］陈宗胜．新发展经济学．北京：中国发展出版社，1994.

［19］楚永生．农村公共物品供给视角．求索，2004（6）.

［20］邓彬．21世纪初农村反贫困战略与农民增收的互动分析．经济与管理研究，2002（5）.

［21］都阳，Park．迁移、收入转移和减贫．载蔡昉、白南生主编《中国转轨时期劳动力流动》，社会文献科学出版社，2006.

［22］樊胜根，张林秀，张晓波．中国农村公共投资在农村经济增长和反贫困中的作用．华南农业大学学报（社会科学版），2002（1）.

［23］范小建主编．扶贫开发形势和政策．北京：中国财政经济出版社，2008.

［24］费孝通．关于贫困地区的概念、原因及开发途径．农业现代化研究，1986（6）.

［25］冯星光，张晓静．贫困测度指标及其评价．统计与信息论坛，2006（3）.

［26］高鸿宾．扶贫开发规划研究．北京：中国财政经济出版社，2001.

［27］龚晓宽，陈云．中国扶贫资金投入效益的计量分析．理论与当代，2007（3）.

［28］郭熙保，罗知. 论贫困概念的演进. 江西社会科学，2005（11）.

［29］郭玮. 农村老龄化问题的困境及建议. 国务院研究室送阅件，2009（6）.

［30］郭玮. 统筹城乡发展，保护农民土地. 管理世界，2008（11）.

［31］郭玮. 统筹城乡发展，促进农村发展. 经济日报，2008 - 11 - 21.

［32］郭玮. 关键要处理好保护与发展的关系. 农民日报，2008 - 11 - 05.

［33］郭玮. 农村社会结构变化与重构. 中国乡村建设，2009.

［34］国务院新闻办公室. 中国的农村扶贫开发白皮书，2001.

［35］国家统计局. 中国城镇居民贫困问题研究课题组和中国农村贫困标准课题组的研究报告，1990.

［36］国家统计局社会经济调查司编. 中国农村贫困监测报告2008. 北京：中国统计出版社，2009.

［37］国家统计局社会经济调查司编. 中国农村贫困监测报告2009. 北京：中国统计出版社，2010.

［38］哈磊. 贫困的根源：物质贫困背后的意识贫困——贵州省极贫乡镇贫困原因的调查与分析. 甘肃农业，2005（5）.

［39］胡鞍钢，胡琳琳，常志霄. 中国经济增长与减少贫困（1978—2004）. 清华大学学报（哲学社会科学版），2006（5）.

［40］胡兵，胡宝娣，赖景生. 经济增长、收入分配对农村贫困变动的影响. 财经研究，2005（8）.

［41］黄承伟. 中国反贫困：理论 方法 战略. 北京：中国财政经济出版社，2002.

［42］黄季焜. 中国农业的过去和未来. 管理世界，2004（3）.

［43］黄季焜，胡瑞法. 农业科技投资体制与模式：现状及国际比较. 管理世界，2000（3）.

［44］黄季焜，胡瑞法，方向东. 农业科研投资的总量分析. 农业科研经济管理，1998（3）.

［45］黄敬宝. 从根本上解决农村贫困问题——以人力资本投资打破我国农村贫困的恶性循环怪圈. 财经问题研究，2004（5）.

［46］黄黔．按贫困片区扶贫开发和中国扶贫产业的新特点．草业学，2009（10）．

［47］黄萍，黄万华．社会保障制度的公正思维．经济师，2003（12）．

［48］黄萍，黄万华．能力扶贫：农村财政扶贫政策新视角．内蒙古社会科学（汉文版），2003（6）．

［49］黄少安．制约农民致富的制度分析．学术月刊，2003（6）．

［50］黄颂文．西部民族地区农村反贫困的思路．学术论坛，2004（4）．

［51］黄文华．制度创新 实行农村制度扶贫的开发战略——新阶段扶贫开发战略的经济学思考之二．老区建设，2003（3）．

［52］惠银春．基本公共服务均等化视野下的浙江省农村反贫困研究．浙江大学硕士论文，2010．

［53］姜爱华．我国政府开发式扶贫资金使用绩效的评估与思考．宏观经济研究，2007（6）．

［54］江亮演．社会救助的理论与实践．台北：桂冠图书有限公司，1990．

［55］康晓光．中国贫困与反贫困理论．南宁：广西人民出版社，1995．

［56］康晓光．90 年代中国贫困与反贫困战略．中国扶贫论文精粹，2001．

［57］匡远配．中国扶贫政策和机制的创新研究综述．农业经济问题，2005（8）．

［58］匡远配．中国支农资金整合问题研究．中国经济出版社，2010（8）．

［59］匡远配．中国扶贫政策和机制创新研究综述．农业经济问题，2005（8）．

［60］李国和．传统观念与云南少数民族地区的贫困．理论月刊，2003（2）．

［61］李琳，陈东．湖南贫困地区可持续发展战略对策．求索，2004（1）．

［62］李实，赵人伟，张平．中国经济改革中的收入分配变动．管理世界，1998（1）．

［63］李天籽．自然资源丰裕度对中国地区经济增长的影响及其传导机制研究．经济科学，2007（6）．

［64］李文．中央扶贫资金的分配及影响因素分析．中国农村经济，2004（8）．

［65］李文．贫困地区农业结构调整对农民现金收入的影响．中国农村经济，2006（4）．

［66］李文．贫困地区劳动力转移培训扶贫方式和效果的评估报告．载刘坚主编《新阶段扶贫开发的成就与挑战》．北京：中国财政经济出版社，2006．

［67］李文．贫困地区农村寄宿制小学儿童膳食营养状况评估．中国农村经济，2008（3）．

［68］李文．运用匹配法对农村道路建设减贫效果的评估．农业经济问题，2008（8）．

［69］李文．重庆农村低保制度的覆盖问题——基于重庆市武隆县的个案分析．《农业经济与科技发展研究》，2009．

［70］李小云．参与式发展概论．北京：中国农业大学出版社，2001．

［71］李小云，张雪梅，唐丽霞．当前中国农村的贫困问题．中国农业大学学报，2005（4）．

［72］李芸．经济增长、收入分配与贫困：估计贫困的增长弹性．农业经济问题，2006（9）．

［73］李芸．新农村建设中农户的生产发展需求研究．农村经济，2008（2）．

［74］联合国开发计划署．2003年人类发展报告．北京：中国财政经济出版社，2003．

［75］联合国开发计划署．缓解中国贫困的一体化战略．北京：社会科学文献出版社，2003．

［76］李新，梁萍，林影．中国地方财政效率分析——以湖北为例．财政与发展，2006（9）．

［77］林伯强．中国的经济增长、贫困减少与政策选择．经济研究，2003

（12）.

[78] 林伯强．中国的政府公共支出与减贫政策．经济研究，2005（1）.

[79] 林毅夫．关于我国扶贫政策的几点建议．发展，2005（7）.

[80] 林毅夫．贫困、增长与平等：中国的经验和挑战．燕南网，2004 - 08 - 12.

[81] 林毅夫．解决农村贫困问题需要有新的战略思路．北京大学学报（哲学社会科学版），2002（5）.

[82] 林闽钢，陶鹏．中国贫困治理三十年回顾与前瞻．甘肃行政学院学报，2008（6）.

[83] 刘成果．世纪扶贫文稿．北京：中国农业出版社，2003.

[84] 刘冬梅．中国政府开发式扶贫资金投放效果的实证研究．管理世界，2001（6）.

[85] 刘冬梅．对中国农村反贫困中市场与政府作用的探讨．中国软科学，2003（8）.

[86] 刘坚主编．新阶段扶贫开发的成就与挑战：《中国农村扶贫开发纲要（2001 - 2010 年）》中期评估报告，北京：中国财政经济出版社，2006.

[87] 刘尧．农村知识贫困与农村高等教育．清华大学教育研究，2002（5）.

[88] 刘伟丽．经济全球化背景下的发展经济学，http：//www. edu. cn/20020301/3021476. shtml，2002.

[89] 刘玉龙．农村贫困的制度性分析．兰州学刊，2005（1）.

[90] 刘玉琴，吴黎明．现行扶贫机制的利弊分析和政策建议．财政与发展，2004（8）.

[91] 刘易斯．贫困文化论．北京：经济科学出版社，2003.

[92] 卢锋．探讨第二代农村反贫困策略．中国改革，2001（11）.

[93] 罗刚主编．中国财政扶贫问题研究．中国财政经济出版社，2000.

[94] 罗兴佐，许斌．对当前农村公共物品问题研究的检视．调研世界，2005（8）.

[95] 雷诺兹（Reynolds），微观经济学（中译本），北京：商务印书

馆，1993.

[96] 茅于轼. 为什么穷国和富国的人同工而不同酬. 改革，1995（1）.

[97] 缪尔达尔. 世界贫困的挑战. 北京：北京经济学院出版社，1994.

[98] 纳拉扬. 迪帕，拉伊. 帕特尔，凯. 沙夫特，安妮. 拉德马赫，谁倾听我们的声音，北京：中国人民大学出版社，2001.

[99] 倪建芳. 中国的减贫经验与全球治理。首都师范大学硕士学位论文，2008.

[100] 潘乃谷. 从松山区乡镇企业发展特点看西部地区乡镇企业的发展趋势——赤峰市松山区乡镇企业调查（上）. 西北民族研究，1996（2）.

[101] 潘乃谷，马戎，根锁. 蒙古国的社会经济发展与中蒙关系西北民族研究，1997（1）.

[102] 萨克斯著. 邹光译. 贫穷的终结. 上海：上海人民出版社，2007.

[103] 萨缪尔森，诺德豪斯. 微观经济学，北京：华夏出版社，1999.

[104] 沈红. 中国贫困研究的社会学评述. 社会学研究，2000（2）.

[105] 沈红. 宏观利益格局中的贫困. 社会学研究，1996（3）.

[106] 世界银行. 从贫困地区到贫困人群：中国贫困和不平等问题评估，2009（3）.

[107] 世界银行. 中国国家经济备忘录——分享经济全球化的机遇，2003 - 08 - 18.

[108] 世界银行. 让服务惠及穷人，北京：中国财政经济出版社，2004.

[109] 世界银行. 2000/2001 年世界发展报告，北京：中国财政经济出版社，2001.

[110] 世界银行. 中国战胜农村贫困. 北京：中国财政经济出版社，2000.

[111] 世界银行. 1996 年发展报告，北京：中国财政经济出版社，1996.

[112] 世界银行. 1990 年发展报告，北京：中国财政经济出版社，1990.

[113] 世界银行. 1980 年发展报告，北京：中国财政经济出版社，1980.

[114] 宋才发. 西部民族地区脱贫致富奔小康的思路及保障措施. 湖南师范大学社会科学学报，2004（3）.

［115］苏明. 我国财税扶贫政策运用的现状、问题与对策. 湖北财税，2001（14）.

［116］童星，林闽钢. 我国农村贫困标准研究. 中国社会科学，1993（3）.

［117］庹国柱，李军. 我国农业保险试验的成就、矛盾及出路. 金融研究，2003（9）.

［118］万广华，张茵. 收入增长与不平等对我国贫困的影响. 经济研究，2006（6）.

［119］王东进. 中国社会保障制度的改革与发展. 北京：法律出版社，2001.

［120］王国敏. 西部地区农村贫困与反贫困研究. 农业经济导刊，2004（3）.

［121］王国敏. 农业自然灾害与农村贫困问题研究. 经济学家，2005（3）.

［122］王姮. 农村贫困地区家庭幼儿照料对女性非农就业的影响. 人口与发展，2010（3）.

［123］王姮. 江西整村推进项目的经济和社会效果评价. 学习与探索，2010（1）.

［124］王姮. 中国农村贫困地区女性家庭责任和收入的关系研究. 世界经济文汇，2008（5）.

［125］王姮. 整村推进项目对农户饮水状况的影响分析. 农业技术经济，2008（6）.

［126］王姮. 教育对中国农村地区收入差距的影响分析. 农业技术经济，2006（2）.

［127］王姮. 简约的 PAMS 模型在中国的应用. 农业经济问题，2005.

［128］王科. 中国贫困地区自我发展能力研究. 兰州大学博士论文，2008.

［129］汪三贵. 中国农村贫困人口的估计与瞄准问题. 贵州社会科学，2010（2）.

［130］汪三贵．在发展中战胜贫困——对中国30年大规模减贫经验的总结与评价．管理世界，2008（11）.

［131］汪三贵，王姮．中国农村贫困家庭的识别．农业技术经济，2007（1）.

［132］汪三贵．中国新时期农村扶贫与村级贫困瞄准．管理世界，2007（1）.

［133］汪三贵，李文，李芸．我国扶贫资金投向及效果分析．农业技术经济，2004（5）.

［134］汪三贵．贫困问题与经济发展政策．北京：农村读物出版社，1994.

［135］汪三贵．技术进步是贫困地区农业发展和脱贫致富的关键．农业科技通讯，1992（6）.

［136］汪三贵．彩票公益金整村推进项目试点的实践及其启示．提交给国务院扶贫办报告，2010（7）.

［137］汪三贵．整村推进扶贫战略的实际效果评估．提交给国务院扶贫办报告，2010（3）.

［138］汪三贵．财政扶贫资金绩效考评报告（2008）．提交给国务院扶贫办和财政部的报告，2009（10）.

［139］汪三贵．中国扶贫开发历程研究报告．提交给国务院扶贫办报告，2009（10）.

［140］汪三贵．村级互助资金试点成效及政策建议．提交给国务院扶贫办报告，2009（7）.

［141］汪三贵．建立农村低保与开发式扶贫衔接机制研究．提交给国务院扶贫办报告，2009（1）.

［142］汪三贵．财政扶贫资金绩效考评报告（2007）．提交给国务院扶贫办和财政部的报告，2008（10）.

［143］汪三贵．中国的农村贫困标准研究．提交给国务院扶贫办报告，2008（6）.

［144］汪三贵．中国特色反贫困之路和政策取向．毛泽东邓小平理论研

究，2010（4）.

［145］汪三贵．贫困地区村级互助资金的发展．中国扶贫，2009（7）.

［146］汪三贵．中国农村贫困标准及低保对象．中国社会保障，2007（12）.

［147］汪三贵．中国扶贫绩效及其因素分析．载李周主编.《中国反贫困与可持续发展》第六章．北京：科学出版社，2007（2）.

［148］王萍萍．农村住户调查县级样本评估方法研究——以甘肃省为例．统计研究．已录用等待发稿.

［149］王萍萍．农村贫困覆盖面、持续性与影响因素．调研世界，2010（3）.

［150］王萍萍．中国贫困农村社区发展项目影响评估．载《中国贫困农村社区发展项目贫困监测报告2007》．北京：统计出版社，2009.

［151］王萍萍．全国农村贫困状况．载《中国农村贫困监测报告》．北京：统计出版社，2010.

［152］王萍萍．国家扶贫重点县贫困状况．载《中国农村贫困监测报告》．北京：统计出版社，2010.

［153］王萍萍．中国农村贫困标准与国际贫困标准的比较．中国农村经济，2007（5）.

［154］王萍萍．贫困地区现状及发展政策建议．调研世界，2005（12）.

［155］王绍光．正视不平等的挑战．管理世界，1999（4）.

［156］王小琪．推进我国财政扶贫制度创新的思考．理论与改革，2007（2）.

［157］王旭，张秋涛．我国农村反贫困的战略选择．理论前沿，2003（21）.

［158］魏江茹，宋岭．农村反贫困战略下的人力资源可持续开发．农村经济，2003（11）.

［159］魏众，B. 古斯塔夫森．中国农村贫困几率的变动分析．中国农村观察，2000（2）.

［160］吴国宝．新时期我国农村扶贫"解困"出路初探．红旗文稿，

2004 (16).

[161] 吴国宝. 对中国扶贫战略的简评. 中国农村经济, 1996 (8).

[162] 吴国宝. 完善国家扶贫战略与政策体系研究. 提交国家发改委地区司, 2010 (1).

[163] 吴国宝. 贫困地区国家粮食补贴政策实施有效性及减贫影响评价. 中国农村贫困监测报告. 北京：中国统计出版社, 2009.

[164] 吴国宝. 我国农村现行扶贫开发方式有效性讨论. 中国党政干部论坛, 2008 (5).

[165] 吴国宝. 中国农村扶贫. 中国农村改革30年研究. 经济管理出版社, 2008.

[166] 吴国宝. 农村公路基础设施对减缓贫困的影响评价. 中国农村发展报告2005. 北京：社科文献出版社, 2006.

[167] 吴国宝. 国家扶贫资金管理和使用评估报告. 刘坚主编《新阶段扶贫开发的成就与挑战》. 北京：中国财政经济出版社, 2006.

[168] 吴国宝. 中国农村贫困户信贷服务研究. 提交中国国际扶贫中心, 2006 (11).

[169] 吴国宝. 贸易自由化过程中的中国农村贫困. 载《中国与波兰：改革中的农业农村问题》. 北京：外文出版社, 2005.

[170] 吴建国. 论知识经济及其与可持续发展的关系. 成人高教学刊, 2002 (3).

[171] 吴金友. 建立农村公共物品多元化供给体系. 社会观察, 2004 (6).

[172] 许飞琼. 中国贫困问题研究. 经济评论, 2000 (1).

[173] 徐康宁, 王剑. 自然资源丰裕程度与经济发展水平关系的研究. 经济研究, 2006 (1).

[174] 薛宝生. 公共管理视域中的发展与贫困免除, 北京：中国经济出版社, 2006.

[175] 郇建立. 国家政策对农村贫困的影响. 北京科技大学学报（社会科学版), 2002 (2).

[176] 杨小凯. 经济学原理, 北京: 中国社会科学出版社, 1998.

[177] 杨秀玉. 山东省教育投入对实际经济增长的贡献实证分析. 山东经济, 2006 (5).

[178] 杨照江, 姜锡明. 提升西部民族地区反贫困机制运行效率的对策. 宁夏社会科学, 2007 (4).

[179] 杨振之. 试论延长旅游地生命周期的模式. 人文地理, 2003 (6).

[180] 叶普万. 贫困概念及其类型研究述评, 经济学动态, 2006 (7).

[181] 银平均. 社会排斥视角下的中国农村贫困. 博士学位论文, 2006.

[182] 尹绍亭. 试论当代的刀耕火种——兼论人与自然的关系. 农业考古, 1990 (1).

[183] 于敏. 中国财政扶贫资金绩效考评存在的问题及对策研究. 新疆农垦经济, 2010 (4).

[184] 于丽敏. 农村公共物品供给不足对农村经济发展的瓶颈效应分析. 税务与经济, 2003 (4).

[185] 岳希明, 李实, 王萍萍. 透视中国农村贫困. 北京: 经济科学出版社, 2007.

[186] 岳希明, 李实. 中国农村扶贫项目的目标定位 (英文). 中国与世界经济 (英文版), 2004 (2).

[187] 袁庆明. 新制度经济学. 北京: 中国发展出版社, 2005.

[188] 赵茂林. 论中国西部贫困地区农村人力资源开发. 经济纵横, 2005 (8).

[189] 赵茂林. "十一五" 中国西部农村反贫困战略的新思路. 北方经济, 2006 (6).

[190] 张磊主编. 中国扶贫开发历程 (1949～2005 年). 北京: 中国财政经济出版社, 2007.

[191] 张磊主编. 中国扶贫开发政策演变 (1949～2005 年). 北京: 中国财政经济出版社, 2007.

[192] 张泓骏, 施晓霞. 教育、经验和农民工的收入. 世界经济文汇, 2006 (1).

［193］张立冬，李岳云，潘辉．收入流动性与贫困的动态发展：基于中国农村的经验分析．农业经济问题，2009（6）.

［194］张林秀，罗仁福，刘承芳等．中国农村社区公共物品投资的决定因素分析．经济研究，2005（11）.

［195］张林秀，樊胜根，张晓波．系统模型在实证经济分析中的应用介绍——以农村公共投资研究为例．南京农业大学学报（社会科学版），2003（2）.

［196］张光雄．少数民族地区农村反贫困中市场与政府作用的探讨．云南行政学院学报，2004（5）.

［197］张定龙．把民族地区乡镇企业推上一个新台阶．民族团结，1994（1）.

［198］郑世艳，吴国清．消除能力贫困——农村反贫困的新思路．农村经济与科技，2008（6）.

［199］周彬彬，高鸿宾．对贫困的研究和反贫困实践的总结，经济开发论坛，1993（1）.

［200］中国（海南）改革发展研究院反贫困研究课题组．中国反贫困治理结构．北京：中国经济出版社，1998.

［201］朱玲．转折时期的中国扶贫行动．中国国情国力，1996（11）.

［202］朱玲．转型时期的扶贫计划与社会安全网．经济研究参考，1999（70）.

［203］朱乾宇．政府扶贫资金投入方式与扶贫绩效的多元回归分析．中央财经大学学报，2004（7）.

［204］左停，李小云，唐丽霞，叶敬忠，朱启臻．2003年中国农村若干重大问题的回顾．中国农业大学学报（社会科学版），2004（2）.

［205］Blanca Moreno-Dodson．全球规模的减贫行动．北京：中国财政经济出版社，2006.

［206］Jan Priewe and Hansjorg Herr．发展与减贫经济学．成都：西南财经大学出版社，2006.

［207］国家统计局农村社会经济调查司．中国农村贫困监测报告．北京：

中国统计出版社，2011.

[208] 郭熙保，罗知. 贸易自由化、经济增长与减轻贫困——基于中国省际数据的经验研究. 管理世界，2008（2）：15-24.

[209] 胡兵，赖景生，胡宝娣. 经济增长、收入分配与贫困缓解——基于中国农村贫困变动的实证分析. 数量经济技术经济研究，2007（5）：33-42.

[210] 黄宗智. 中国的隐形农业革命. 北京：法律出版社，2010.

[211] 黄宗智，彭玉生. 三大历史性变迁的交汇与中国小规模农业的前景. 中国社会科学，2007（4）：74-88.

[212] 林伯强. 中国的政府公共支出与减贫政策. 经济研究，2005（1）：27-37.

[213] 罗楚亮. 经济增长、收入差距与农村贫困. 经济研究，2012（2）：15-27.

[214] 李小云，于乐荣，齐顾波. 2000-2008年中国经济增长对贫困减少的作用——一个全国和分区域的实证分析. 中国农村经济，2010（4）：4-11.

[215] 李永友，沈坤荣. 财政支出结构、相对贫困与经济增长. 管理世界，2007（11）：14-27.

[216] 吕昭河. 教育抽水机—假说引发的思考—兼论农村教育发展问题[J]. 中国人口科学，2010（5）：95-103.

[217] 阮荣平，郑风田. 教育抽水机—假说及其检验. 中国人口科学，2009（5）：36-45.

[218] 汪三贵. 在发展中战胜贫困——对中国30年大规模减贫经验的总结与评价. 管理世界，2008（11）：78-88.

[219] 汪三贵，Albert Park，Shubham Chaudhuri，Gaurav Datt. 中国新时期农村扶贫与村级贫困瞄准. 管理世界，2007（1）：56-64.

[220] 张萃. 中国经济增长与贫困减少——基于产业构成视角的分析. 数量经济技术经济研究，2011（5）：51-63.

[221] 郑长德. 中国西部民族地区贫困问题研究. 西南民族学院经济与

管理学院.人口与经济,2003(1).

[222] 纳克斯.不发达国家的资本形成问题[M].商务印书馆,1966.

[223] 德怀特·H·波金斯,斯蒂芬·拉德勒等,发展经济学[M].中国人民大学出版社,2005.

[224] 缪尔达尔.世界贫困的挑战[M].北京经济学院出版社,1994.

[225] 马尔萨斯,郭大力,人口论[M].北京大学出版社,2008.

[226] 夏英.贫困与发展[M].人民出版社,1995.

[227] 阿马蒂亚·森.以自由看待发展[M].中国人民大学出版社,2002.

[228] 刘易斯.贫困文化论[M].经济科学出版社,2003.

[229] 茅于轼.为什么穷国和富国的人同工而不同酬[J].改革,1995(1).

[230] 刘玉龙.农村贫困的制度性分析[J].兰州学刊,2005(1).

[231] 黄少安.制约农民致富的制度分析[J].学术月刊,2003(6).

[232] 胡鞍钢,亟须关注气候贫困人口[J],中国减灾,2009(6).

[233] 程静,农业天气风险与中国农村贫困的实证研究,地域开发和研究[J].地域研究和开发,2010(8).

[234] 李守经.农村社会学[M].高等教育出版社,2000.

[235] 韩劲.走出贫困循环,中国贫困山区可持续发展理论与对策[M].中国经济出版社,2006.

[236] 岳希明,李实,王萍萍,关冰.透视中国农村贫困[M].经济科学出版社,2007.

[237] 胡鞍钢,李春波.新世纪的新贫困:知识贫困[J].中国社会科学,2001(3).

英文文献:

[1] Araujo, M. Caridad, Ferreira, Francisco, Lanjouw, Peter, Ozler, Berk, 2008. Local inequality and project choice: theory and evidence from Ecuador. Journal of Public Economics 92 (5-6): 1022-1046.

[2] ALCOCK, P. , 1993. Understanding Poverty, London: The Macmillan Press Ltd.

〔3〕 Auty, R. M. 2001. Resource Abundance and Economic Development. Oxford: Oxford University Press.

〔4〕 Bardhan, Pradan, Mookherjee, Dilip, 2002. Decentralization of governance and development. Journal of Economic Perspectives 16 (4): 185 – 205.

〔5〕 Bardhan, Pradan, Mookherjee, Dilip, 2005. Decenteralizing antipoverty program delivery in developing countries. Journal of Public Economics 89: 675 – 704.

〔6〕 Bernstein, Thomas, Lu, Xiaobo, 2003. Taxation Without Representation in Rural China. Cambridge University Press, Cambridge.

〔7〕 BOOTH, C., 1889. Labor and Life of the People: Volume 1, East London, London: Williams and Norgate.

〔8〕 Brown-Graham, A. R., 2003. The missing link: Using social capital to alleviate poverty. Popular Government., Spring/Summer: 32 – 41.

〔9〕 Cai Fang, Wang Meiyan, 2008. A Couterfactual Analysis on Unlimited Surplus Labor in Rural China, . China&World Economy, 16 (1): 51 – 65.

〔10〕 Camelia Minoiu, Sanjay G Reddy, 2008. Chinese Poverty: Assessing the Impact of Alternative Assumption. Review of Income and Wealth, 54 (4): 572 – 596.

〔11〕 Chambers, D., W. Ying, Y. Hong,, 2008. The Impact of Past Growth on Poverty in Chinese Provinces. Journal of Asian Economics, (19): 348 – 357.

〔12〕 Chase, Robert, 2002. Supporting communities in transition: the impact of the Armenian Social Investment Fund. World Bank Economic Review 16 (2): 219 – 240.

〔13〕 Conning, Jonathan, Kevane, Michael, 2002. Community-based targeting mechanisms for social safety nets: a critical review. World Development 30 (3): 375 – 394.

〔14〕 Dahrendorf, R., 1979. Lifechanges: ApproachestoSocialandPoliticalTheory. Chicago: University of Chicago Press.

〔15〕 Du, Yang, Park, Albert, Wang, Sangui, 2005. Migration and rural poverty in China. Journal of Comparative Economics 33: 688 – 709.

[16] Ellis, Frank, 2005. Small-Farms, Livelihood Diversification and Rural-Urban Transitions: Strategic Issues in Sub-Saharan Africa, paper presented at the Research Workshop on "The Future of Small Farms" organized by the International Food Policy Research Institute, the Overseas Development Institute and Imperial College London.

[17] Fan, S., 1991. Effects of Technological Change and Institutional Reform on Production Growth in Chinese Agriculture, American Journal of Agricultural Economics, 73: 266 – 275.

[18] Fan and Pardey, 1997. Research, Productivity, and Output Growth in Chinese Agriculture, Journal of Development Economics, (53): 115 – 137.

[19] Fan, Shenggen, Linxiu Zhang and Xiaobo Zhang, 2002. Growth, Inequality, and Poverty in Rural China: The Role of Public Investments, IFPRI Research Report, No. 125.

[20] Foster, Andrew, Rosenzweig, Mark, 2003. Democratization, decentralization, and the distribution of local public goods in a poor rural economy. BREAD Working Paper No. 010.

[21] Frances Cleaver, 2005. The inequality of social capital and the reproduction of chronic poverty. World Development (33): 893 – 906.

[22] Galasso, E., Ravallion, Martin, 2005. Decentralized targeting of an antipoverty program. Journal of Public Economics 89, 705 – 727.

[23] Galbraith, K. J., 1958. The Affluent Society, Boston: Houghton Mif flin Co.

[24] Galderon, C. and L. Serven, 2004. "The Effects of infrastructure Development on Growth and Income Distribution", Washington D. C., The World Bank, LACVP, processed.

[25] Haggblade, Steven, Peter, Hazell, and Paul, Dorosh, 2007. Sectoral Growth Linkages between Agriculture and the Rural Nonfarm Economy, in Haggblade, Steven, Peter, Hazell, and Thomas Reardon, eds. Transforming the Rural

Nonfarm Economy-Opportunities and Threats in the Developing World, Johns Hopkins University Press: Baltimore.

[26] Hansen, Niles, 1995. Addressing Regional Disparity and Equity Objectives Through Regional Policies: A Sceptical Perspective, Papers in Regional Science, 74 (2): 89 – 104.

[27] Huang, Jikun, Xiaobing, Wang, Huayong, Zhi, Zhurong, Huang, and Scott, Rozelle, 2009. Agricultural Subsidies Boost Rural Income, CLSAU Speaker Series, September.

[28] Huang, Jikun, Zhang, Qi, Rozelle, Scott, 2008. Economic Growth, the Nature of Growth and Poverty Reduction in Rural China. China Economic Journal, 1 (1): 107 – 122.

[29] Hurwicz L., 1986. Incentive aspects of decentralization, in Kenneth J. Arrow and Michael D. Intriligator (eds.) Handbook of mathematical economics (vol. 3), North-Holland Publishing Company.

[30] Jalan, Jyotsna, Ravallion, Martin, 1998. Are there dynamic gains from a poor-area development program? Journal of Public Economics 67 (1): 65 – 85.

[31] Kenya, 2004. World Bank Policy Research Working Paper 3326.

[32] Khwaja, Asim, 2009. Can good projects succeed in bad communites? Journal of Public Economics 93 (7 – 8): 899 – 916.

[33] La Ferrara, Eliana, 2002. Inequality and group participation: theory and evidence from rural Tanzania. Journal of Public Economics 85 (2): 235 – 273.

[34] Lanjouw, P., & Ravallion, M., 1999. Benefit incidence, public spending reforms, and the timing of program capture. World Bank Economic Review, 13 (2): 257 – 273.

[35] Lanjouw, Peter, and Rinku, Murgai, 2009. Poverty Decline, Agricultural wages, and Nonfarm Employment in Rural India: 1983 – 2004, Agricultural Economics, 40 (2): 243 – 263.

[36] Lewis, W. A., 1954. Economic Development with Unlimited Supplies of Labour. Manchester School of Economic and Social Studies, 22 (2): 139 – 191.

[37] Lin, J. Y., 1992. Rural Reforms and Agricultural Growth in China, American Economic Review, 82 (1): 34 – 51.

[38] Litchfield, J., McCulloch, N., & Winters, L. A., 2003. Agricultural trade liberalization and poverty dynamics in three developing countries. American Journal of Agricultural Economics, 85 (5): 1285 – 1291.

[39] Mansuri, Ghazala, Rao, Vijayendra, 2004. Community-based and-driven development: a critical review. The World Bank Research Observer 19 (1): 1 – 39.

[40] Mclanhan, S. S. &Booth, K., 1989. Mother-only families: Problem, prospects and politics. Journal of Marriage and the Family (51): 557 – 580.

[41] OPPENHEIM, C., 1993. Poverty: the Facts, London: Child Poverty Action Group.

[42] Partridge, Mark, and Dan, Rickman, 2008. Place-Based Policy and Rural Poverty: Insights From the Urban Spatial Mismatch Literature, Cambridge Journal of Regions, Economy and Society, 1: 131 – 156.

[43] Park, Albert and Sangui Wang, 2006. Community Development and Poverty Alleviation: An Evaluation of China's Poor Village Investment Program, Working Paper.

[44] Park, Albert, Sangui Wang and Guobao Wu, 2002. Regional Poverty Targeting in China, Journal of Public Economics, (86): 123 – 153.

[45] Papyrakis, E. and R. Gerlagh, 2004. The Resource Curse Hypothesis and its Transmission Channels. Journal of Comparative Economics (32): 181 – 193.

[46] Paxson, Christina, Schady, Norbert, 2002. The allocation and impact of social funds: spending on school infrastructure in Peru. World Bank Economic Review 16 (2): 297 – 319.

[47] Platteau, Jean-Phillipe, 2004. Monitoring elite capture in community-driven development. Development and Change 35 (2): 223 – 246.

[48] Pradhan, Menno, Rawlings, Laura, 2002. The impact and targeting of social infrastructure investments: lessons from the Nicaraguan social fund. World

Bank Economic Review 16 (2): 275 – 295.

[49] Rank, M. R., 1994. Living on the Edge: The Realities of Welfare in America. New York: Columbia University Press.

[50] Ravallion, Martin, Chen, Shaohua, 2005. Hidden impact? Ex-post evaluation of an antipoverty program. Journal of Public Economics 89 (11 – 12): 2183 – 2204.

[51] Ravallion, M., 1997. Can high-inequality developing countries escape absolute poverty. Economics Letters, (56): 51 – 57.

[52] Ravallion, Martin, and Gaurav, Datt, 1996. How Important to India's Poor is the Sectoral Composition of Economic Growth, World Bank Economic Review, 10 (1): 1 – 125.

[53] Ravallion, Martin, and Shaohua Chen, 2007. China's (Uneven) Progress against Poverty. Journal of Development Economics, 82 (1): 1 – 42.

[54] Rowntree, M., 1901. Poverty: A Study of Town Life, London, Macmillan.

[55] Rozelle, Scott, Albert Park, Vince Bezinger and Changqing Ren, 1998, Targeted Poverty Investments and Economic Growth in China, World Development, 26 (12): 2137 – 2151.

[56] Rosenzweig M., 1988. Labor Markets in Low Income Countries, H. Chenery; T. N. Srinivasan (ed.). Handbook of Development Economics, North-Holland: Amsterdam.

[57] Sala-I-Martin, X. and A. Subramanian, 2003. Addressing the Natural Resource Curse: an Illustration from Nigeria. NBER Working Paper No. 9804.

[58] Schultz T W., 1964. Transforming Traditional Agriculture. New Haven: Yale University Press.

[59] Sen, A., 1999. Development as Freedom, Oxford, Oxford University Press.

[60] Sen, A., 1985. A Sociological Approach to the Measurement of Poverty: A Reply to Professor Peter, Oxford Economic Papers, New Series. Vol. 37, No4.

[61] Sen, A., 1983. Poor, Relatively Speaking, Oxford Economic Papers, New Series, Vol. 35, No. 2 (Jul.).

[62] Singer, H. W. 1950. The Distribution of Trade between Investing and Borrowing Countries. American Economic Review 40 (5): 56 – 58.

[63] Tendler, Judith, 2002. Why are social funds so popular? In: Yusuf, Shahid, Weiping, Wu., Everett, Simon (Eds.), Local Dynamics in an Era of Globalization: 21st Century Catalysts for Development. Oxford University Press, New York.

[64] Theil, H., Kakwani, N., 1980. On a class of poverty measures. Econometrica, 48: 437 – 446.

[65] Timothy Besley, Robin Burgess, and Berta Esteve-Volart, 2004. Operationalising Pro-poor Growth. India Case Study, 5: 65 – 68.

[66] Todaro, M. P., 1981. Economic Development in the Third World, 2nd edn, Longmans, New York, 130 – 131.

[67] Townsend, P., 1962. The Meaning of Poverty, British Journal of Sociology, Vol. XIII, No. 1 (March).

[68] Townsend P., 1979. Poverty in the United Kingdom: a survey of household resources and standards of living, Harmondsworth: Penguin Books.

[69] Townsend, P., 1985. A sociological Approach to the Measurement of Poverty A Rejoinder to Professor Amartya Sen, Oxford Economic Papers, NewSeries, Vol. 37, No. 4.

[70] Townsend P., 1993. The International Analysis of Poverty, New York: Harvester Wheatsheaf.

[71] UNDP, 2003. Human Development Report: 2003 Millennium Development Goals: A compact among nations to end human poverty. New York: Oxford University Press.

[72] The World Bank, 2009. Land Reform, Rural Development, and Poverty in the Philippines: Revisiting the Agenda, Technical Working Paper, World Bank in the Philippines Making Growth Work for the Poor, World Bank: Manila.

[73] The World Bank, 2003. China: Promoting Growth with Equity. World Bank Country Study, Report No. 24169 – CHA.

[74] The World Bank, 2004. World Development Report: Making Services Work for Poor People, Washington DC.

[75] The World Bank, 1999. World Development Report 1999/2000: Entering the 21st Century. The World Bank, Washington, D. C.

[76] The World Bank, 2001. China: Overcoming Rural Poverty. The World Bank, Washington, D. C.

[77] The World Bank, 2002. Social Funds: Assessing Effectiveness. Operations Evaluation Department, Washington D. C.

[78] The World Bank, 2009. From Poor Areas to Poor People: China's Evolving Poverty Reduction Agenda. World Bank, Washington, D. C.

[79] Winters, L. A., McCulloch, N., & McKay, A., 2004. Trade liberalization and poverty: The evidence so far. Journal of Economic Literature, 42 (1): 72 – 115.

[80] Yue, X., 2008. Explaining Incomes and Inequality in China in Gustafsson, L., Li, S., and Sicular, T., ed. Inequality and Public Policy in China, London: Cambridge University Press.

[81] Yue, X., 2007. Changing Borderlines between Government, Non-financial Corporations, and Non-profit Institutions Severing Householdsin Bishnu Dev Pant Edit. The National Accounts of the Peoples Republic of China, Asian Development Bank (ADB).

[82] Yue, X., 2007. The Urban-Rural Income Gap and Inequality in China. Review of Income and Wealth, Volume 53, Issue 1.

[83] Yue, X., 2004. Targeting Accuracy of Poverty-Reducing Programs in Rural China. China & World Economy, Vol. 12 No. 2.

[84] Channing Arndt, Andres Garcia, Finn Tarp, James Thurlow (2012), "Poverty Reduction and Economic Structure: Comparative Path Analysis for Mozambique and Vietnam" [J], Review of Income and Wealth, Volume 58, Issue 4,

pages 742 – 763, December 2012.

[85] Haider A. Khan, Sectoral Growth and Poverty Alleviation: A Multiplier Decomposition Technique Applied to South Africa, World Development, Volume 27, Issue 3, March 1999, Pages 521 – 530.

[86] Cristobal Kay, "Development strategies and rural development: exploring synergies, eradicating poverty", The Journal of Peasant Studies, 2009, Vol36 (1), 103 – 137.

[87] Chambers, D. , Ying, W. &Hong, Y, "The Impact of Past Growth on Poverty in Chinese Provinces", Journal of Asian Economics, 2008, 19, 348 – 357.

[88] Chen, Shaohua, and Martin Ravallion, "China is Poorer than We Thought, But No Less Successful in the Fight Against Poverty", Policy Research Working Paper 4621, World Bank, 2008.

[89] Du, Y. , Albert Park, and Sangui Wang, 2005, "Migration and Rural Poverty in China", Journal of Comparative Economics, 33, 688 – 709.

[90] Datt, G. , and M. Ravallion, 1992, "Growth and Redistribution Components of Changes in Poverty Measures: A Decomposition with Applications to Brazil and India in the 1980s", Journal of Development Economics, Vol. 38 (2), 275 – 295.

[91] Foster, J. , J. Greer, and E. Thorbecke "A Class of Decomposable Poverty Measures", Econometrica, 1984, 52, 761 – 765.

[92] Kakwani, N. , and E. Pernia, "What is Pro-Poor Growth?", Asian Development Review, 2000, 18 (1), 1 – 16.

[93] Kakwani, N. , S. Khandker, and HH Son, "Poverty Equivalent Growth Rate: With Applications to Korea and Thailand", Mimeo, 2003.

[94] Martin Ravallion and Shaohua Chen, "Measuring pro-poor growth", Economics Letters, 2003 (78) 93 – 99.

[95] Martin Ravallion, and Shaohua Chen, "China's (Uneven) Progress against poverty", Journal of Development Economics, 2007, 82 (1), 1 – 42.

[96] Norman V. Loayza, and Claudio Raddatz, "The Composition of Growth Matters for Poverty Alleviation", Journal of Development Economics, 2010, 93, 137 – 151.

[97] Ravallion, Martin, and Gaurav Datt, "Why Has Economic Growth Been More Pro-poor in Some States of Indian than Others", Journal of Development Economics,, 2002, 68, 381 – 400.

[98] Ravallion, Martin, and Shaohua Chen, "Measuring Pro-poor Growth," Economic Letters, 2003, 78, 93 – 99.

[99] Son, H, "A Note on Pro-poor Growth", Economics Letters, 2004, 82 (3), 307 – 314.

[100] Son, Hyun, and Nanak Kakwani, "Global Estimates of Pro-poor Growth", World Development, 2008, 36 (6), 1048 – 1066.

[101] Timothy Besley, Robin Burgess, and Berta Esteve-Volart, "Operationalising Pro-poor Growth: India Case Study", Consulting Paper, 2004.

[102] Yao, Shujie, Zongyi Zhang, and Lucia Hanmer, "Growing Inequality and Poverty in China", China Economic Review, 2004, 15, 45 – 163.

[103] Christiaensen L., and K. Suhharaqo, Towards an understanding vulnerability in rural Kenya, World Bank Washington D. C Photopaper 2001.

[104] Jam al Haroon, Assessing Vuhlerability to Poverty Evidence from Pakistan, Report No. 80, 2009.

[105] Mclanhan, S. S. & Booth, K, Mother-only families: Problem, prospects and politics. Journal of Marriage and the Family (51): 557 – 580. 1989.

[106] Singer, H. W. The Distribution of Trade between Investing and Borrowing Countries. American Economic Review 40 (5): 56 – 58, 1950.

[107] Martin Ravallion, Gaurav Datt, Why has economic growth been more pro-poor in some states of India than others?, Journal of Development Economics, 68 (2002) 381 – 400.

[108] Andrew Dorward, Jonathan Kydd, Jame Morrison and Ian Urey, A Policy Agenda for Pro-Poor Agricultural Growth, World Development Vol. 32,

No. 1, pp. 73 – 89, 2004.

[109] C. Peter Timmer Agriculture and Pro-Poor Growth: An Asian Perspective Available at SSRN 1114155, 2005 – papers. ssrn. com.

[110] Alain de Janvry † Elisabeth Sadoulet, Agricultural Growth and Poverty Reduction: Additional Evidence, The World Bank Research Observer, vol. 25, no. 1 (February 2010).

[111] Xinshen Diao, Peter Hazell, James Thurlow. The Role of Agriculture in African Development, World Development Vol. 38, No. 10, pp. 1375 – 1383, 2010.

后 记

本书是在我的博士论文基础上修改完成的。在本书完成之际，向曾给予我启迪和帮助的老师、朋友们表示深深的谢意！特别感谢我的导师汪三贵教授——把我引进贫困研究的大门，受益匪浅！在讨论问题时，我感受到汪老师渊博的学识，对学术的热忱；在贫困地区调研中，我感受到汪老师严谨、细致的调研作风；在平时相处中，我感受到汪老师的为人随和、替学生着想的高贵品质。非常感谢温铁军、孔祥智、郑风田、马九杰、黄宗智等老师，在你们的课堂和讲座上，我感受到你们渊博精深的学识，受益匪浅。感谢师门于敏、曾俊霞、张伟宾、杨龙、陈虹飞等师姐师弟师妹们，无论是平时活动、学术讨论，还是在贫困县的共同调研，我都受益很多。感谢室友周海川、倪国华、姜明伦、王娜、李行、韩磊、周向阳等同学，和你们相处的点点滴滴是我人生的一笔财富。我确信在中国人民大学的三年学习和生活，是我一生中最难忘的岁月之一。

博士论文初稿是我在美国加州大学欧文分校访学期间完成的，特别感谢我的姑姑、姑夫以及联合培养博士生导师 Yang Su 教授。在加州大学欧文分校的半年时光，我收获很多。同时非常感谢室友 Xiaobin 提供的各种帮助，你乐于助人的品格给我留下了深刻的印象。衷心感谢家人和亲人理解和大力支持，让我安心求学和研究，不断前行。

本书的出版得到安徽财经大学大力支持，在此表示感谢。由于笔者水平有限，书中不足之处在所难免，敬请各界人士给予善意的批评指正。

胡 联

2017 年 2 月